JN109545

シチュエーション
で学ぶおとなの
敬語300

おとなの語彙力研究会 編

彩図社

はじめに

ビジネスから冠婚葬祭、ご近所づきあいまで、何かと使う機会の多い敬語。失礼のない円滑なコミュニケーションを進める上で欠かせない存在です。

日常生活において重要な役割を担う敬語ですが、「知識としてある程度知ってはいるが、しっかりと学んだことはない」「とっさの場面で適切な言葉が出てこなくて焦ったことがある」という人は多いのではないでしょうか。それもそのはず、生活に根ざした言葉づかいを本当の意味で習得するには、何度も使うことで覚えていくしかありません。頭の中でしっかりとシミュレーションをした上で、あとは実践あるのみなのです。

そこで本書では、できる限り普段の生活に近い形で敬語を習得できるように、シチュエーション別の会話文形式で頻出敬語を掲載しました。

「社内での敬語」「社外での敬語」「電話・メールでの敬語」「日常での敬語」そして「ワンランク上の敬語」の5章に加え、イントロダクションとして尊敬語・謙譲語・丁寧語の基本中の基本を簡単に学べるページもご用意しています。

「訪問客を案内する」「取引先からの電話を取り次ぐ」「目上の人を自宅に招待する」など、日常によくあるシチュエーションから厳選して収録しているので、実用的なフレーズをわかりやすく学ぶことができるでしょう。ぜひ、自分と関係の深い場面・知りたかった場面からパラパラとページをめくってみてください。

正しい言葉づかいというのは、一度身についてしまえばなかなか忘れるものではありません。そのまま全てが、あなたのビジネスや日常生活を円滑に進めるための財産になるのです。

本書がその学びのための一助となれば幸いです。

おとなの語彙力研究会

シチュエーションで学ぶ
おとなの敬語

【目次】

第2章　社外での敬語

第3章　電話・メールでの敬語

第4章　日常での敬語

第5章 ワンランク上の敬語

敬語の基本

―イントロダクション―

❶ 尊敬語の基本

・尊敬語は「相手を敬う」言葉

尊敬語は、目上の人の行為を敬って言う言葉です。「いる→いらっしゃる」、「言う→おっしゃる」など、尊敬語として使う特別な動詞があるので、覚えておくようにしましょう（15ページの表を参照）。

また、特にビジネスシーンにおいては「誰に敬意を払うか」を間違えないようにしなければいけません。例えば社内であれば、自分の上司や先輩にはもちろん尊敬語を使うべきですが、社外の人に対しては自分の上司や先輩であっても「自分側」となるので尊敬語を使ってはいけません。特に社会人になりたてのころは間違いやすいので気を付けましょう。

・尊敬語の基本パターンを覚えよう

尊敬語は特別な動詞だけでなく、左の表で挙げた形に普通の動詞を入れて作ることもあります。こちらも身につけておきましょう。

尊敬語の基本パターン

語尾	例文
「～れる」「～られる」	・課長が提案されたものですか？ ・明日の懇親会には来られますか？
「～いらっしゃる」	・お子さんは元気でいらっしゃいますか？
「～てくださる」	・先輩が教えてくださいました ・先方が提案してくださる
「お／ご～になる」	・○○さんは本日、体調不良でお休みになるそうです
「お／ご～になれる」	・ご利用になれる交通手段でお越しください
「お／ご～なさる」	・店頭でご注文なさる ・上司がご結婚なさる
「お／ご～くださる」	・こちらで少々、お待ちくださいますか

二重敬語はNG！

丁寧に言おうとするあまり、「お聞きになられる」など敬語を二重に使ってしまわないよう注意しましょう。

❷ 謙譲語の基本

・謙譲語は「自分を下げる」言葉

尊敬語は「相手を敬う（上げる）」言葉であるのに対し、謙譲語は「自分がへりくだって相手を立てる」表現です。

・謙譲語には2種類ある！

謙譲語には、「①自分の行為の対象や話題になっている人物などを立てる」「②自分の行為を丁重に述べて、聞き手を立てる（丁重語）」の2種類があります。

例えば「御社に伺います」と言う場合は「御社」という対象そのものへの謙譲表現です。

一方で「私用で○○駅に参ります」と言う場合は、対象である「○○駅そのもの」にではなく、この発言の聞き手に対する謙譲表現として「参る」を使っていることになります。

「伺う」も「参る」も同じ「行く」の謙譲表現ではありますが、その対象は違うということを覚えておきましょう。

尊敬語 / 謙譲語の頻出フレーズ

	尊敬語	謙譲語
いる	いらっしゃる	おる
する	なさる	いたす
行く	いらっしゃる / おいでになる	参る / うかがう
来る	お見えになる / お越しになる	参る
言う	おっしゃる	申す
食べる	召し上がる	いただく
見る	ご覧になる	拝見する
聞く	お聞きになる	お聞きする / うかがう
知る	ご存じ	存じ上げる
借りる	お借りになる	拝借する
読む	お読みになる	拝読する
あげる	くださる / 賜る	差し上げる
もらう	お納めになる	いただく / 頂戴する

❸丁寧語・美化語の基本

・丁寧語は基本中の基本！

丁寧語とは、語尾に「です」「ます」「ございます」などを付けることで言葉を丁寧にする敬語表現。相手にかかわらず使える基本中の基本です。

・紛らわしい美化語には注意

美化語とは、「お金」「ご挨拶」など頭に「お」「ご」を付けて丁寧にする表現です。「お」と「ご」、どちらを付けるかですが、これには法則があります。

基本的には、「酒」「手紙」など訓読みをする単語には「お」、「相談」「連絡」など音読みをする単語には「ご」を付けます。ただし例外もあり、「電話」や「化粧」は音読みですが、これには「お」を付けます。

また、「フルーツ」などの外来語や「時計」「書類」など、どちらも付けない単語も中には存在するので注意が必要です。

❹ 言い換え表現を覚えよう

頻出の言い換え表現を左表にまとめました。いざという時に混乱しないよう、しっかりと覚えておきましょう。

普段	言い換え
会社	御社 / 貴社
名前	お名前 / ご芳名
学校	御校 / 貴校 / 貴学
銀行	御行 / 貴行
家	ご自宅 / お住まい
同行者	お連れ様
考え	お考え / ご意見 / ご意向
さっき	さきほど
あとで	のちほど
すぐに	さっそく
いくら	いかほど
今から	ただいまより
前に	以前に
もうすぐ	まもなく

第1章 社内での敬語

久しぶりに会った上司との会話

Q. 次のうち、より適切な敬語表現はどちらでしょうか？

上　司：久しぶり。

あなた：○○さん！

問1

A お久しぶりです。

B ご無沙汰しております。

上　司：元気でやっているかな。

あなた：

問2

A おかげさまで元気にしております。

B 元気でやっています！

問1

001

B ご無沙汰しております

親しい相手であれば「お久しぶりです」でも構いませんが、くだけた印象があるので、ビジネスシーンではこちらを使うのが適切です。

ポイント

・「しばらくぶりです」も同様に、ビジネスシーンには適していません。

問2

002

A おかげさまで元気にしております

元気に受け答えするのはよいことですが、「おかげさまで」は日頃の支えに対する感謝を表せる常套句《じょうとうく》ですので、覚えておきましょう。

ポイント

・直接お世話になっていない相手に使っても問題のない、便利な表現です。

早退を申し出る

Q. 次のうち、より適切な敬語表現はどちらでしょうか？

上　司：どうしたの。

あなた：体調が優れないので

問1

A 早退させていただければと思います。

B 早退させていただけますでしょうか。

上　司：そうか、わかったよ。お大事にね。

あなた：申し訳ありません、

問2

A お先に上がります。

B お先に失礼いたします。

問1 B 早退させていただけますでしょうか 003

早退時は一方的に告げるのではなく、理由を添えて伺いを立てるのが基本です。

ポイント

・「させていただく」はよく槍玉にあげられる敬語表現ですが、相手の許可を得て行うことや、相手に何かしら迷惑をかける場面では適切といえます。

問2 B お先に失礼いたします 004

「帰る」を「上がる」と言うのはアルバイトなどで耳にする、ややカジュアルな言葉です。

ポイント

・周りが仕事を続けている場合、「お先に失礼してもよろしいでしょうか」と伝えるのもよいでしょう。

上司に対する受け答え①

Q. 次のうち、より適切な敬語表現はどちらでしょうか？

上　司：ちょっといいかな。

あなた：はい、

問1
A お呼びでしょうか。
B 何でしょう。

上　司：この資料、あとでメールで送っておいてくれる？

あなた：承知しました。出来上がり次第

問2
A お送りいたします。
B 送らせていただきます。

問1

A お呼びでしょうか

「何でしょう」では威圧的な印象を与えます。状況によって「お呼びでしょうか」「いかがなさいましたか」「どのようなご用件でしょうか」などを使い分けましょう。

ポイント

・基本的なことですが、まずは「はい」と返事をするところから始めましょう。

005

問2

A お送りいたします

Bでも謙譲語として間違いではありません。しかし、「お／ご～（いた）します」は相手に利益を与える可能性があることに、「～させていただきます」は相手に迷惑のかかるおそれがあることに使われる傾向があるため、Aがより違和感のない表現です。

006

上司に対する受け答え②

Q. 次のうち、より適切な敬語表現はどちらでしょうか？

上　司：次のプロジェクト、期待しているよ。

あなた：ありがとうございます。

問1

A **精いっぱい頑張ります。**

B **頑張らせていただきます。**

上　司：その件について、今から少し話せるかな？

あなた：すみません、

問2

A **実はこの後、先約がありまして……**

B **それはちょっと……**

問1

A 精いっぱい頑張ります

「〜させていただく」は基本的に相手に迷惑のかかることや、相手の許可を得てすることに使います。「頑張る」ことに許可はいらないので、「頑張ります」でよいのです。

ポイント

・「努めて参ります」「励んで参ります」など、へりくだった言い方もあります。

007

問2

A 実はこの後、先約がありまして……

変に口ごもってしまうと、怪しまれてしまいます。後に予定が控えている場合は、その旨を正直に伝えましょう。

ポイント

・具体的な理由を言わずにやり過ごすことができる便利なフレーズです。

008

上司に対する報告

Q. 次のうち、より適切な敬語表現はどちらでしょうか？

上　司：水曜日に◯◯社に行きたいんだけど、都合はどう？

あなた：はい、

問1
A **それで差し支えありません。**
B **それで大丈夫です。**

上　司：その日までに例の資料を作ってほしいんだけど、大丈夫かな。

あなた：ええ、

問2
A **間に合いそうです。**
B **順調に進んでおります。**

問1

A それで差し支えありません

「大丈夫」は便利な言葉ですが、場合によっては肯定にも否定にも取れる言葉です。「差し支えありません」や「支障ありません」ならば不都合がないことをきちんと伝えられます。

ポイント

・仕事を依頼する際に使う「差し支えなければ……」という表現もあわせて覚えましょう。

009

問2

B 順調に進んでおります

「間に合いそうです」ではギリギリの進み具合だと思わせてしまい、やや頼りない印象。作業が順調であることを伝えれば、上司も安心します。

010

仕事を手伝う

Q. 次のうち、より適切な敬語表現はどちらでしょうか？

上　司：人手が足りないんだけど、力を貸してもらえないかな。

あなた：問1 **A 私などのような者でよろしければ** / **B 微力ながら** お手伝いいたします。

上　司：そうか、本当にありがとう。助かるよ。

あなた：いいえ、問2 **A とんでもないです。** / **B お礼なんて結構ですよ。**

問1　011
B 微力ながら

Aは謙遜のしすぎで、かえって卑屈な印象を与えてしまいます。仕事を頼んだ側を不安にさせないようにしましょう。

ポイント

・「お役に立てるかわかりませんが」という表現もあります。

問2　012
A とんでもないです

お礼を打ち消す表現にもいろいろありますが、「とんでもない（こと）です」が最もスマートな言い方です。

ポイント

・「とんでもありません」「とんでもございません」を誤りとするビジネスマナー本もありますが、慣用的な表現として普及したため、現在では認められつつあります。

上司に仕事を依頼する①

Q. 次のうち、より適切な敬語表現はどちらでしょうか？

あなた：失礼します、こちらの資料なのですが、

問2
A お暇なときで構いませんので
B お時間のある時で結構ですので

問1
A チェックしていただけないでしょうか。
B チェックしておいてもらえますか。

上司：わかった、見ておくよ。

問1 B お時間のある時で結構ですので

013

相手も仕事中ですので、決して「暇」ではありません。「お暇なとき」は相手にとって失礼になるので避けましょう。

ポイント

・「ご都合のよいときに」「いつでも構いませんので」といった表現も可能です。

問2 A チェックしていただけないでしょうか

014

「していただけないでしょうか」は、丁寧なお願いの表現です。「〜しておいて」という頼み方は上から目線に思われやすいので、使わないようにしましょう。

上司に仕事を依頼する②

Q. 次のうち、より適切な敬語表現はどちらでしょうか？

あなた：こちらを

問1

A ご確認いただきたいのですが……

B ご確認していただきたいのですが……

上　司：わかった。明日でいい？

あなた：先方がお急ぎのようでして、

問2

A 本日中に、至急お願いいたします。

B 急で申し訳ありませんが、本日中にお願いできますか。

問1　015

A ご確認いただきたいのですが……

「ご確認して」の「ご～する」は謙譲語の形ですが、この場合は相手の行為に謙譲語を使ってしまっています。「ご～いただく」なら自分の動作をへりくだることができます。

ポイント

・「ご確認いただく」あるいは「確認していただく」であれば問題ありません。

問2　016

B 急で申し訳ありませんが、本日中にお願いできますか

一方的に仕事を押し付けては相手も困惑します。急な仕事を頼むときには、相手の都合をきちんと聞きましょう。

上司に意見を聞く

Q. 次のうち、より適切な敬語表現はどちらでしょうか？

上　司：どうしたの。

あなた：〇〇の件について

問1

A ご意見をご拝聴いただけますか。

B ご意見を伺いたく存じます。

上　司：それは××だから△△だと思うよ。

あなた：

問2

A おっしゃる通りですね。

B なるほどですね。

問1 B ご意見を伺いたく存じます 017

「聞く」を「拝聴する」というのは謙譲語なので、相手の動作に対しては使いません。そのため、「ご～いたします」をつけても正しい敬語にはなりません。

ポイント

・「存じます」は「思います」のへりくだった表現です。

問2 A おっしゃる通りですね 018

「なるほど」については「目上に対して使わない」と明記している国語辞典もあり、抵抗感を覚える人もいるため、上司との会話では使わないほうがベターです。

ポイント

・「おっしゃる通りですね」が偉そうに聞こえてしまう場面では、「はい」「承知しました」「私もそのように思います」といったあいづちを使い分けましょう。

上司に質問する

Q. 次のうち、より適切な敬語表現はどちらでしょうか？

あなた：すみません、

問1
A 質問してもよろしいでしょうか。
B 伺わせていただきたいのですが。

上　司：どうしたの。

あなた：

問2
A ～したいのですが、やり方を教えてもらえますか？
B ～のやり方がわかりません。助けてくれませんか？

上　司：わかった、いま教えるね。

問1 019

A 質問してもよろしいでしょうか

「伺わせていただく」は「伺う」と「させていただく」という2つの謙譲語が重なった二重敬語です。「伺う」を使う場合は「伺いたいことがあるのですが」などがよいでしょう。

ポイント

・「お伺いする」という表現も「伺う」に「お～する」がついた二重敬語となり、伝統的には誤用です。しかし、すでに定着した表現であるため、現在では認められています。

問2 020

A ～したいのですが、やり方を教えてもらえますか？

はっきり「わかりません」と言うと、理解しようとするのを諦めたように聞こえ、良くない印象を与えてしまいます。

上司に確認する

Q. 次のうち、より適切な敬語表現はどちらでしょうか？

あなた：

問2

A すでに存じているはずですが、

B すでにご存じかと思いますが、

15時から会議がありますので、よろしくお願いします。

上　司：そうだった。資料よろしくね。

あなた：承知しました。

問1

A 資料のほう、お持ちします。

B 資料、持って参ります。

問1　B　すでにご存じかと思いますが　021

「ご存じだ」は「知っている」の尊敬語です。一方、「存じる」は「思う」「知っている」の謙譲語なので、相手の動作には使えません。

問2　B　資料、持って参ります　022

「～のほう」は一方を選ぶときや遠回しに言うときに用いられますが、Aのようなシーンでは特に意味をなしておらず、聞こえの良くない言葉として受け取られることもあります。

ポイント

・少々ややこしいのですが、「持って参ります」は持って来ること全般に使われ、「お持ちします」は相手に渡すためのものを持って来るときに使われます。

イベントの予定を確認する

Q. 次のうち、より適切な敬語表現はどちらでしょうか？

あなた：部長は明日のイベントに

問1
A ご出席されますか？
B ご出席になりますか？

上司：行くよ。君もよかったら参加してみない？

あなた：はい、

問2
A ぜひ行かせてください。
B お供させてください。

上司：それじゃあ、明日はよろしくね。

問1 023

B ご出席になりますか？

尊敬語と謙譲語を混同した「ご〜される」は正しい敬語表現ではないため、「ご〜になる」を使っているBが正解です。「出席される」でも正しい表現です。

問2 024

B お供させてください

「ぜひ行かせてください」では敬意不足。目上の人について行くという意味で「お供させてください」「お供させていただきます」と言いましょう。

ポイント

・他に「ご同行」という表現もあります。「ご一緒します」「ご一緒させていただきます」でもよいですが、これらを敬語としては誤りだとする主張もあります。

知らないことを質問された

Q. 次のうち、より適切な敬語表現はどちらでしょうか？

上　司：○○の件、どうなった？

あなた：○○ですか。

問1

A その件は初めて伺ったように思います。

B その件はお聞きしておりません。

上　司：あれ、そうだったか、ごめん。これをお願いできるかな。

あなた：

問2

A 了解です。

B 承知しました。

問1 025

A その件は初めて伺ったように思います

「聞いていない」という言い方では相手に非があることを責めるような、また自分が不注意で聞き漏らしてしまったような印象を受けます。

問2 026

B 承知しました

「了解です」では返事としては軽いので、「承知しました」と言うほうがスマートです。「わかりました」「かしこまりました」なども使えます。

ポイント

・「了解しました」「了解いたしました」という表現は、近年のビジネスマナー本で不適切な表現とされ始めましたが、必ずしも失礼には当たらないとする向きもあります。

詳しく教えてもらいたい

Q. 次のうち、より適切な敬語表現はどちらでしょうか？

上　司：どうしたの。

あなた：

問1

A もう少し詳しくご説明をいただきたいのですが。

B 先ほどの説明では理解できなかったのですが。

よろしければ

問2

A 教えていただけますか。

B お教えになっていただけますでしょうか。

上　司：わかった、きちんと説明するね。

問1 A もう少し詳しくご説明をいただきたいのですが 027

Bのような言い回しでは「相手の説明が下手だから自分が理解できなかったのだ」という意味にとらえられかねません。

問2 A 教えていただけますか 028

Bのように敬語に敬語を重ねたような表現は慇懃《いんぎん》無礼というもの。長ったらしい表現よりも、簡潔で正しい表現を用いましょう。

ポイント

・「お教えいただけますか」「ご指導いただけますか」のような表現もあります。

上司に悩み事を相談する

Q. 次のうち、より適切な敬語表現はどちらでしょうか？

あなた：

問1

A 面倒なご相談なのですが……

B 込み入ったご相談なのですが……

上司：深刻そうだね、どうしたの？

あなた：○○の件で頭を痛めておりまして、

問2

A 何かよいアイデアはないでしょうか。

B お知恵を拝借したいのですが、いかがでしょうか。

問1 B 込み入ったご相談なのですが……

029

「面倒な」と言ってしまうと、相手に「面倒なことか……」と警戒されるおそれがあります。重要な相談の際は特に気をつけましょう。

問2 B お知恵を拝借したいのですが、いかがでしょうか

030

「何か」と言われてもすぐには出てこないものです。「お知恵を拝借する」は目上の人からアドバイスや手助けを求める際に非常に有用な言葉なので、覚えておきましょう。

ポイント

・先に「○○のことで困っている」といった前置きを加えると、話がスムーズに進みます。

上司に休暇を申し出る

Q.次のうち、より適切な敬語表現はどちらでしょうか？

上　司：どうしたの。

あなた：実は

問1

A 祖父が他界した

B 祖父が逝去した

という連絡を受けまして、

急で恐縮ですが

問2

A お休みさせてください。

B お休みを取ってもよろしいでしょうか。

問1 031

A 祖父が他界した

「逝去する」や「亡くなる」は「死ぬ」の尊敬語であるため、身内に対しては使いません。

ポイント

・「亡くなる」などは人間に対して用いる言葉なので、ペットなど動物の死については「死ぬ」あるいは「旅立つ」「天国へ行く」という婉曲表現を使います。

問2 032

B お休みを取ってもよろしいでしょうか

身内の不幸であっても、やはり伺いを立てるのが望ましいです。

ポイント

・忌引き休暇が適用される場合もあるため、社内規定に従って報告をしましょう。

上司に感謝する

Q. 次のうち、より適切な敬語表現はどちらでしょうか？

あなた：○○の件では

問1
A 助けていただき、すみません。
B 助けていただき、ありがとうございました。

上　司：大丈夫だよ。

あなた：部長のご意見、

問2
A 大変勉強になりました。
B 大変参考になりました。

上　司：それは良かった。また何かあったら言ってね。

問1

B 助けていただき、ありがとうございました

033

「すみません」は便利ですが、あくまで謝罪の言葉です。きちんと「ありがとうございました」と感謝を述べるほうが、相手は気持ちがいいものです。

問2

A 大変勉強になりました

034

Bでも大きな問題はありませんが、「参考」は「参考程度にしかならなかった」と受け取られるおそれがあるため、Aが無難でしょう。

ポイント

・目上の人を褒める際は、評価するのではなく自分の感想を伝えると印象がよくなります。

上司を褒める

Q. 次のうち、より適切な敬語表現はどちらでしょうか？

あなた：部長のスキルには

問1
A 感動いたしました。
B 感心いたしました。

上　司：いやあ、それほどでもないよ。

あなた：いろいろなことを

問2
A 学ばせていただきました。
B 学ばさせていただきました。

今後の糧にしていきます。

問1 035

A 感動いたしました

どちらも「心を動かされる」という意味で使われますが、「感心」という言葉は上から目線に感じる人もいるため使わないほうが無難です。

ポイント

・上司の技量を評価する言い回しは、特に嫌みに聞こえやすくなります。

問2 036

A 学ばせていただきました

「学ばさせていただきました」は、正しく言おうとして不要な「さ」を挿入してしまう、いわゆる「さ入れ言葉」の典型例ですので気をつけましょう。

上司の頼みを断る

Q. 次のうち、より適切な敬語表現はどちらでしょうか？

上　司：これお願いできるかな。

あなた：申し訳ありません。

問1

A お先においとまする予定でして……

B 失礼させていただく予定でして……

上　司：そうか、なら仕方ないね。こちらでやっておくよ。

あなた：

問2

A すみませんが、よろしくお願いします。

B お手数をおかけしますが、よろしくお願いします。

問1 **B** **失礼させていただく予定でして…** 037

「おいとまする」は主に訪問先から辞去《じきょ》する場面で使うので、社内で使うには違和感があります。

問2 **B** **お手数をおかけしますが、よろしくお願いします** 038

「すみません」では少々軽すぎます。「お手数をおかけしますが」は人に仕事をお願いするときに頻繁に使う、代表的な「クッション言葉」のひとつです。

ポイント

・「お手を煩わせて恐縮ですが」「ご迷惑をおかけしますが」「ご面倒をおかけしますが」といった表現もあります。

上司の指摘を受ける

Q. 次のうち、より適切な敬語表現はどちらでしょうか？

上　司：ここ、頼んだものと違うんだけど……。

あなた：

問1

A **間違いがございましたか。**

B **申し訳ありません。**

ただちに修正します。

この部分は◯◯ということで

問2

A **よろしいでしょうか。**

B **結構でしょうか。**

上　司：そうそう。お願いね。

問1　039

B 申し訳ありません

自分の非を認めてまず謝るというのは社会人の常識です。言い訳をせず、誠実に謝ることで信頼の回復に努めましょう。

問2　040

A よろしいでしょうか

「結構」も「大丈夫」と同じく、状況によっては肯定にも否定にも取れる言葉ですので、使い方には注意しましょう。

ポイント

・「結構」は本来、自分が相手に意思表示する際に使う言葉です。

上司に謝る①

Q. 次のうち、より適切な敬語表現はどちらでしょうか？

上　司：これ、昨日までにやってもらいたかったんだけど。

あなた：申し訳ありません、

問1

A 失念しておりました。

B うっかり忘れてしまいました。

本日の夕方まで

問2

A ご猶予をいただけませんでしょうか。

B 少し待ってもらえませんでしょうか。

上　司：わかったよ。よろしく頼むね。

問1 041

A 失念しておりました

同じ意味ではありますが、「うっかり」などと言っては相手の反感を買ってしまいます。「忘れる」は「失念する」と言い換えましょう。

問2 042

A ご猶予をいただけませんでしょうか

Aは締め切りを延ばしてほしいときに使える定型句です。具体的にどれくらい待ってほしいのかもあわせて伝えましょう。

ポイント

・「○月○日に調整していただけませんか」という言い方もあります。

上司に謝る②

Q. 次のうち、より適切な敬語表現はどちらでしょうか？

上　司：○○の件、どうなってるの？

あなた：

問1

A **それについては存じませんでしたが……**

B **申し訳ございません、私の認識不足でした。**

上　司：わかった。次からは気を付けてね。

あなた：

問2

A **善処いたします。**

B **改善に努めて参ります。**

問1 043

B 申し訳ございません、私の認識不足でした

自分が知らなかったことを相手のせいにしては、火に油を注いでしまいます。まずは謝罪から入りましょう。

問2 044

B 改善に努めて参ります

ほとんど同じですが、「善処します」は「できるかどうかわからないけど対応してみます」という曖昧なニュアンスを含むので、注意が必要です。

ポイント

・次につながるような謝罪の言葉を述べると信頼回復もスムーズになります。

来客の報告①

Q. 次のうち、より適切な敬語表現はどちらでしょうか？

あなた：
問1
A タクシーがいらっしゃいました。
B タクシーが来ました。

課　長：お客様だね。部長に伝えておいてくれる？

あなた：（部長のもとへ行き）部長、お客様が
問2
A お見えになりました。
B 参られました。

部　長：そうか、いま行くよ。

問1

B タクシーが来ました

たとえ目上の人やお客様が乗っているタクシーでも、物に対しては敬語を使いません。

ポイント

・ただし「タクシーが参りました」の場合は、相手に対して「タクシーが来た」ということを丁寧に言った言葉（丁重語）なので、間違いではありません。

045

問2

A お見えになりました

「参る」は謙譲語なので、「参られる」という形にしても正しい敬語にはなりません。

ポイント

・「お見えになる」は厳密には二重敬語にあたりますが、慣用的に認められています。「お見えになられる」とすると三重敬語になり、誤った表現となります。

046

来客の報告②

Q. 次のうち、より適切な敬語表現はどちらでしょうか？

上　司：○○さんがいらっしゃったかな。

あなた：はい、ただいま

問1

A お客様をご案内いたしました。

B お客様をお連れしました。

応接室にて

問2

A お待ちしていらっしゃいます。

B お待ちになっていらっしゃいます。

上　司：わかった、いま行くよ。

問1 A お客様をご案内いたしました 047

「連れる」という言葉に「連行する」のようなニュアンスが含まれるため、「ご案内する」と言ったほうが角が立ちません。

問2 B お待ちになっていらっしゃいます 048

Bは一見すると二重敬語のようにも見えますが、「お待ちになって＝待って」「いらっしゃいます＝いる」となるため、1つの動詞に尊敬語を2つ用いた二重敬語にはあたりません。

ポイント

・「○○して××」の○○と××を両方敬語にしたものを「敬語連結」といいますが、基本的には許容される形です。

異動先でのスピーチ

Q. 次のうち、より適切な敬語表現はどちらでしょうか？

上　司：今日から配属になった山田君です。

あなた：本日付でこちらに転属されました

問1
A 山田でございます。
B 山田太郎です。

○○は初めてなので

問2
A ご迷惑をおかけするかもしれませんが
B 不安な面も多々ありますが

ご指導ご鞭撻《べんたつ》のほどよろしくお願いいたします。

問1 B 山田太郎です 049

社内であっても、自己紹介の際にはきちんとフルネームを述べることが大事です。自分のことを早く覚えてもらうことができます。

問2 A ご迷惑をおかけするかもしれませんが 050

「不安」と言ってしまうと、相手にも不安を与えてしまうもの。謙遜しつつも、頑張って仕事をする姿勢を見せましょう。

ポイント

・異動先での挨拶スピーチは第一印象を決める大事な場面です。仕事への意気込みを感じられる言葉を謙虚に伝えましょう。

反対意見を述べる①

Q. 次のうち、より適切な敬語表現はどちらでしょうか？

上　司：これに関して山田君はどう思うかな。

あなた：

問1

A ごもっともな意見ですが、～ではないでしょうか。

B 私は反対です。なぜなら～だからです。

上　司：なるほど、ではどのような解決策があるかな。

あなた：

問2

A ～と考えるのが妥当です。

B ～と考えておりますが、いかがでしょうか？

問1

A ごもっともな意見ですが、〜ではないでしょうか

051

「私は反対です」と歯向かうようでは攻撃的な印象を与えてしまいます。相手の意見にいったん賛同しつつも、自分の意見を述べるような言い回しがよいでしょう。

ポイント

・「失礼とは存じますが」「念のため確認しておきたいのですが」「申し上げにくいのですが」などと前置きがひと言あるだけでも、相手に心の余裕が生まれます。

問2

B 〜と考えておりますが、いかがでしょうか?

052

はっきりと言い切らず、相手に考える猶予を与えることで角の立たない言い方になります。

ポイント

・反感を買わないためにも、あくまでも謙虚な姿勢を示すことが大事です。

反対意見を述べる②

Q. 次のうち、より適切な敬語表現はどちらでしょうか？

あなた：
問1
A 私の勘違いかもしれませんが、
B それは違うのではないかと思います。

○○より××がよいのではないでしょうか。

上司：なるほど。なぜそう思うのかな。

あなた：～ということです。
問2
A ご不明な点はございませんでしょうか。
B おわかりいただけたでしょうか。

問1 053

A 私の勘違いかもしれませんが

やはりこれも真っ向から否定せず、相手を傷つけない言い方です。自分の指摘が間違っていたら申し訳ないという、相手への気遣いを示すことができます。

ポイント

・相手を指摘する前に、こうした「クッション言葉」を上手に挟み込みましょう。

問2 054

A ご不明な点はございませんでしょうか

「おわかりいただけたでしょうか」では目上の人に対して「理解できたのか」と能力を問うていることになるので、不快感を与えるおそれがあります。

ポイント

・目上の人に対して能力を問うような言い回しも、やはり避けたほうがよいでしょう。

上下関係が絡む複雑な敬語

Q. 次のうち、より適切な敬語表現はどちらでしょうか？

あなた：先日

問1
A 部長が社長に伝えた
B 部長が社長に申された

○○の件についてはどのようになりましたか。

社　長：～だよ。△△課の人には、課長の君から伝えておいてね。

あなた：承知いたしました。

問2
A そのように申し伝えます。
B そのように伝えておきます。

問1

055

B 部長が社長に申された

謙譲語と尊敬語を合わせた「申される」は本来誤用ですが、この場合に限っては「申す」で社長への敬意を表し、「れる」で部長への敬意を表すので、用法としては特別に認められます。

ポイント

・これを「二方向への敬語」といいますが、現代ではほとんど用いられていません。

問2

056

A そのように申し伝えます

一見、部下へ謙譲語を使っているように見えますが、この場合の「申す」は社長に向かって話すときに「伝える」を丁寧に言った言葉なので、部下に敬意を示すことにはなりません。

ポイント

・この例の「申す」のように、聞き手に対して自分の行為をへりくだる表現を「丁重語」といいます。

便利な「クッション言葉」

相手に言いにくいことや、きつい表現を和らげることができるクッション言葉。ぜひ覚えておきましょう。

・頼みごとをするとき

おそれ入りますが / お忙しいところ恐縮ですが / お手数ですが / 申し訳ございませんが / ご多忙中とは存じますが / ご面倒でなければ / ご足労をおかけしますが

・申し出を断るとき

あいにく / せっかくですが / 残念ですが / お気持ちはありがたいのですが / 大変失礼ですが / 身に余るお話ではありますが / せっかくのご厚意ですが

・聞きにくいことを聞くとき

失礼ですが / お尋ねしたいのですが / 差し支えなければ / もしよろしければ / ご迷惑でなければ / つかぬことをお聞きしますが / もしご存じでしたら

・相手に意見を述べるとき

お言葉を返すようですが / 僭越《せんえつ》ながら / 申し上げにくいのですが / 出過ぎたことを申しますが / 余計なこととは存じますが / 差し出がましいようですが

第2章 社外での敬語

基本的な受け答え

Q. 次のうち、より適切な敬語表現はどちらでしょうか？

お客様：すみません、ちょっといいですか。

あなた：

問1

A いかがいたしましたか。

B いかがなさいましたか。

お客様：〜なのですが。

あなた：

問2

A どのようにいたしましょうか？

B どのようになさいましょうか？

問1　B　いかがなさいましたか　057

「いたす」は謙譲語で、「なさる」は尊敬語です。この場合は相手の行為に使うので、尊敬語の「なさる」が適しています。

ポイント

・重たく感じる場合は「いかがされましたか」「どうなさいましたか」と言うことができます。

問2　A　どのようにいたしましょうか？　058

こちらは相手に対して自分が何をしてほしいのか尋ねる表現なので、謙譲語の「いたす」を使ったAが正しいです。

ポイント

・謙譲語と尊敬語の取り違えはありがちなミスなので、特に気をつけましょう。

客を待たせる

Q. 次のうち、より適切な敬語表現はどちらでしょうか？

あなた：担当が参るまで10分ほど

問1
A お待ちいただけますでしょうか？
B お待ちいただく形になります。

お客様：かしこまりました。

あなた：よろしければどうぞこちらに

問2
A おかけください。
B お座りください。

お客様：では、失礼いたします。

問1 059

A お待ちいただけますでしょうか？

Bでは一方的に要求を言い渡しているような印象ですので、相手にお願いをするようにしましょう。

ポイント

・「〜する形になります」という表現を避けるとすっきりします。

問2 060

A おかけください

Bでも間違いではありませんが、「お座り」では犬のしつけを連想させてしまうので、「おかけください」がベターです。

ポイント

・椅子ではなく座布団に座らせる場合は「おあてください」と言います。

客を案内する

Q. 次のうち、より適切な敬語表現はどちらでしょうか？

お客様：本日はよろしくお願いいたします。

あなた：それでは

問1

A **ご案内させていただきます。**

B **ご案内いたします。**

お客様：後でいくつか質問させていただいてもよろしいですか？

あなた：ええ、

問2

A **よろしいですよ。**

B **かしこまりました。**

問1　061

B ご案内いたします

「～させていただく」は相手に迷惑をかける行為に使われる傾向にありますが、この場合はそれに当てはまらないので、Ｂがふさわしい言い方となります。

ポイント

・一方、「いたします」は相手の利益になる行為に使われる傾向があります。

問2　062

B かしこまりました

「よろしい」を使うと上から目線で相手に許可を与えている印象が強いので、「かしこまりました」「承知しました」と承諾する返事をしましょう。

訪問先で相手を呼ぶ①

Q. 次のうち、より適切な敬語表現はどちらでしょうか？

あなた：11時より田中様と

問1

A アポを入れさせていただいております、

B お約束をいただいております、

A社の山田と申します。田中様を

問2

A 呼んでもらえますか。

B お取次ぎ願えますか。

受付：田中ですね、少々お待ちくださいませ。

問1　B　お約束をいただいております

063

「アポ」という略語は一般的なビジネス用語ですが、相手先で使うにはふさわしくないので「お約束」と言い換えます。

問2　B　お取次ぎ願えますか

064

Aでは少し偉そうな物言い。Bは人を呼んでもらうときの定番フレーズなので、覚えておきましょう。

ポイント

・時間、取り次ぐ相手、自分の会社名と氏名を忘れずに伝えましょう。

訪問先で相手を呼ぶ②

Q. 次のうち、より適切な敬語表現はどちらでしょうか？

あなた：
問1
A 加藤部長はいらっしゃいますか。
B 加藤部長はおられますか。

受付：ただいま呼んで参ります。少々お待ちくださいませ。

相手：加藤です、お世話になっております。

あなた：急に
問2
A お呼び出し
B お呼び立て
して申し訳ありません。

問1 065

A 加藤部長はいらっしゃいますか

「おられる」という言い方は、謙譲語の「おる」と尊敬語の「れる」が同時に使われているという理由で誤りとされることが多いです。

ポイント

・「おる」の感じ方には地域差・個人差があるため、「おられる」が間違いであるとは言い切れませんが、「いらっしゃる」のほうがより無難な言い方です。

問2 066

B 急にお呼び立てして申し訳ありません

「お呼び立て」は相手を呼び出すことの丁寧な言い方です。来てもらった相手をねぎらうための定型句としてよく使われます。

アポなしで相手が不在だった

Q. 次のうち、より適切な敬語表現はどちらでしょうか？

あなた：

問1

A 近くに寄ったのでちょっと伺いました。

B 近くに参りましたのでご挨拶に立ち寄りました。

田中様にお目にかかれますでしょうか？

受　付：田中はただいま会議中ですが、いかがいたしましょうか。

あなた：承知いたしました。

問2

A 日を改めさせていただきます。

B また来させていただきます。

問1

B 近くに参りましたのでご挨拶に立ち寄りました

067

アポなしで訪問する際の定番フレーズです。Aでは「ついでに来てみました」という感じがして、あまり印象がよくありません。

問2

A 日を改めさせていただきます

068

「来させていただく」では野暮ったい印象です。「改めさせていただきます」は、自分が出直すときのスマートな決まり文句です。

ポイント

・アポなしで訪ねたときは、「失礼いたしました」とひと言謝ると印象が良くなります。

お茶を出してもらう

Q. 次のうち、より適切な敬語表現はどちらでしょうか？

相　手：お茶かコーヒーはいかがですか？

あなた：それでは

問1

A **お茶をお願いします。**

B **お茶でお願いします。**

相　手：（お茶を出して）どうぞ。

あなた：

問2

A **頂戴します。**

B **ご馳走になります。**

問1　069

A お茶をお願いします

「お茶でお願いします」は「本当はほかに欲しいものがあるけれど、とりあえず」という投げやりな感じがしてしまいます。

問2　070

A 頂戴します

食事の席でおごってもらったときには「ご馳走になります」でいいのですが、このようなシーンでは使われません。

ポイント

・お茶を出されたら、遠慮することなく飲んでも構いません。

名刺交換をする

Q. 次のうち、より適切な敬語表現はどちらでしょうか？

相　手：よろしくお願いいたします。

あなた：

問1
A A社の佐藤と申します。
B 私、こういう者です。

問2
A 珍しいお名前ですね、
B 失礼ですが、

何とお読みするのでしょうか。

相　手：○○と読みます。よく珍しいと言われるんですよ。

問1

A A社の佐藤と申します

071

「こういう者です」とだけ言って名刺を差し出すのは、ビジネスマナー的にはふさわしくありません。きちんと社名や氏名を名乗りましょう。

問2

B 失礼ですが

072

名刺に書かれた相手の名前が珍しくて読みにくい場合でも、「珍しい」「変わった名前だ」とはストレートに伝えないほうがベターです。

ポイント

・ここできちんと名前の読みを確認しておけば、後々困りません。

挨拶と紹介をする

Q. 次のうち、より適切な敬語表現はどちらでしょうか？

相　手：田中と申します。

あなた：

問1

A 申し遅れました。

B お後にすみません。

私、山田と申します。

相　手：そちらは？

あなた：

問2

A 弊社の部長の高橋でございます。

B わが社の高橋部長でございます。

問1 073

A 申し遅れました

自己紹介をしそびれてしまった際に使う決まり文句です。イベントの司会などでもよく使われます。

問2 074

A 弊社の部長の高橋でございます

社外の人に上司を紹介するときは、役職名をつけず「高橋」のように呼び捨てにするか、「部長の高橋」などのように言います。

ポイント

・「わが社」は社外ではあまり使われず、会社の役員などが社内で使う場合に限られます。

会議で意見を述べる

Q. 次のうち、より適切な敬語表現はどちらでしょうか？

あなた：
問1
A 正直なところを申しますと、
B 独断と偏見で申し上げますが、
私はA案よりB案がよいと思います。

相　手：理由をお聞かせ願えますでしょうか。

あなた：
問2
A 貴社の
B 御社の
状況に鑑みまして……

問1　075

A 正直なところを申しますと

自分の勝手な考えという意味で「独断と偏見」はよく使われますが、「勝手な意見なら言うな」と思われかねない前置きですので、Aのように素直に述べたほうがスムーズに通ります。

ポイント

・自分の意見をへりくだる言葉には「私見《しけん》」「愚見《ぐけん》」「卑見《ひけん》」などがあります。

問2　076

B 御社の

相手の会社を敬う言葉として「御社」と「貴社」がありますが、一般的に「御社」は話し言葉、「貴社」は書き言葉として用いられます。

ポイント

・銀行は「御行・貴行」、学校は「御校・貴校」というように「御社・貴社」を使わない場合があります。

プレゼンでの質疑応答

Q. 次のうち、より適切な敬語表現はどちらでしょうか？

あなた：プレゼンは以上です。

問1

A ご理解いただけましたでしょうか。

B 説明が不足している点はございませんでしたか。

相　手：なるほど、そうですねえ。

あなた：ご不明な点がありましたら

問2

A 何なりとお申し付けください。

B 何でもご遠慮なくどうぞ。

問1 077

B 説明が不足している点はございませんでしたか

Aのように「理解できたか」と相手の理解度を問うのではなく、自分の説明で十分だったかどうかを尋ねるようにすると、謙虚な姿勢を示すことができます。

問2 078

A 何なりとお申し付けください

Bは大事なビジネスシーンで使うには軽いので、Aのように言うのが一般的です。

ポイント

・この場合、相手の行為に「申す」という言葉を使っていますが、「申し付ける」や「申し出る」といった言葉では「申す」の謙譲語としての働きはほとんどないため、「お申し付けください」は正しい敬語です。どうしても気になる場合は「おっしゃってください」と言い換えるとよいでしょう。

協力をお願いする

Q. 次のうち、より適切な敬語表現はどちらでしょうか？

あなた：プロジェクトに

問1

A ご協力していただけないでしょうか。

B 協力していただけないでしょうか。

相　手：そうですねえ。

あなた：ぜひ

問2

A 私たちにお力を貸してください。

B 私たちのお力になってください。

相　手：では、お引き受けします。

問1　079

B 協力していただけないでしょうか

「ご協力する」は、「ご案内する」「ご紹介する」と同じく謙譲語ですので、「ご協力していただく」も誤りです。

ポイント

・「ご（お）～される」「ご（お）～していただく」は誤って使ってしまいがちなので注意しましょう。

問2　080

A 私たちにお力を貸してください

AとBでは誰の「力」なのかが違います。Aは「私たちに（あなたの）お力を」、Bは「（あなたが）私たちのお力に」となり、Bでは自分の力に「お」をつけてしまっています。

ポイント

・「ご協力いただければ幸いです」「お力添えいただきたく存じます」という言い回しもあります。

打ち合わせを切り上げる

Q. 次のうち、より適切な敬語表現はどちらでしょうか？

あなた：

問1
A 大変申し訳ないのですが、次の約束がございまして……
B 時間ですので、そろそろ失礼いたします。

相　手：そうですか、では本日はここまでで。

あなた：今回の件に関してご不明な点がございましたら、

メールにて遠慮なく

問2
A お尋ねください。
B お伺いください。

問1

A 大変申し訳ないのですが、次の約束がございまして……

081

「話が盛り上がっている最中だが、こちらの都合で帰らなければならない」という状況をやんわりと伝えるフレーズです。

ポイント

・「お話は尽きませんが……」も辞去するときに使えるひと言です。

問2

A お尋ねください

082

「伺う」は謙譲語ですので、相手の動作に使う敬語ではありません。「お尋ねください」や「お聞きください」とすればよいでしょう。

難しい要求をする

Q. 次のうち、より適切な敬語表現はどちらでしょうか？

相　手：お渡しは20日の予定です。

あなた：

問1
A ご無理を承知で申し上げるのですが、
B ダメ元でお願いするのですが、

こちらを18日までに

問2
A いただけないでしょうか？
B お願いいたします。

相　手：検討しまして、こちらからご連絡差し上げます。

問1　083

A ご無理を承知で申し上げるのですが

「ダメ元」「なる早」「速攻」といった俗な言葉はビジネスシーンに適していません。相手に迷惑をかけてしまう状況ですので、なおさら気を付けたいところです。

ポイント

・「こちらの事情で大変恐縮ですが」「身勝手なお願いとは承知しておりますが」なども有効です。

問2　084

A いただけないでしょうか？

相手に仕事を押し付けるような言い方ではなく、要求を受け入れてもらえるかどうか尋ねるようにしましょう。

難しい要求を断る

Q. 次のうち、より適切な敬語表現はどちらでしょうか？

相　手：いかがでしょうか。

あなた：

問1

A 今回は残念ながらお引き受けいたしかねます。

B 今回はご要望にはお応えできません。

相　手：そうですか……

あなた：

問2

A またいい案件がございましたらお願いいたします。

B 物理的に難しいようで、今回は見送らせてください。

問1 A 今回は残念ながらお引き受けいたしかねます 085

「残念ながら」というクッション言葉を挟み、「できません」を「いたしかねます」と謙譲語にすることで、冷たい印象を与えずに済みます。

ポイント

・相手にしつこく迫られた場合は、Bのような言い方が有効となることもあります。

問2 B 物理的に難しいようで、今回は見送らせてください 086

Aでは「今回は良くなかった」と受け取られるおそれがあります。具体的な理由を言うことで、「断りたくはないが仕方なく」というニュアンスを含ませることができます。

催促する

Q. 次のうち、より適切な敬語表現はどちらでしょうか？

あなた：
問1
A 期日が迫っておりますが
B お約束の日が近いですが
進捗はいかがでしょうか？

相　手：15日までにはお渡しできそうです。

あなた：
問2
A 面倒をおかけしてしまい
B お手を煩わせてしまい
申し訳ありません。

相　手：いえいえ。よろしくお願いいたします。

問1 087

B お約束の日が近いですが

相手を急かさなければ行けない状況ですが、Aでは余計なプレッシャーを与えるおそれがあります。「お約束の日」と表現をやわらげることで、穏やかに伝えられます。

ポイント

・感情的になったり、一方的に押し付けたりすることなく、やんわりと伝えるよう心がけましょう。

問2 088

B お手を煩わせてしまい

わざわざ「面倒な仕事」と言うよりは、Bのほうが比較的スマートな表現です。

ポイント

・「催促がましいようでおそれ入りますが」「お急ぎ立てして申し訳ありませんが」のように、急かしてすまないという気持ちを言い表すフレーズも使えます。

対応に感謝する

Q. 次のうち、より適切な敬語表現はどちらでしょうか？

あなた：先日の件ではご尽力いただき、

問1
A 大変恩に着ます。
B お礼の言葉もございません。

相　手：いえいえ、こちらこそありがとうございました。

あなた：
問2
A 迅速に
B ご迅速に
ご対応いただき助かりました。

問1 089

B お礼の言葉もございません

「感謝の気持ちが深すぎてうまく言葉が出ません」という意味で使われる定型句。「何とお礼を申し上げてよいのやら……」と似たようなニュアンスです。

ポイント

・「恩に着る」は親しい間柄で軽い感謝を表すのに使われるさっぱりした表現ですので、ビジネスシーンではあまり使われません。

問2 090

A 迅速に

「ご迅速にご対応いただき」のように、「ご（お）」が連続する場合は適度に省くのが一般的です。このとき、後ろの言葉に「ご（お）」を残したほうが自然になります。

謝罪する①

Q. 次のうち、より適切な敬語表現はどちらでしょうか？

相　手：困りましたね。

あなた：申し訳ございません。

問1

A **どうかご容赦くださいませ。**

B **お怒りもごもっともです。**

相　手：こちらでも改善案を考えてみます。

あなた：

問2

A **以後、気をつけます。**

B **私どもの不徳の致すところです。**

問1

B お怒りもごもっともです

091

相手の言い分を素直に聞き入れるフレーズ。Aは怒らせた相手に対して「そんなに怒らないでください」と言っているようですし、いきなり許しを請うのも考えものです。

ポイント

・「弁解の余地もございません」「申し開きのしようもございません」も似たような使い方ができます。

問2

B 私どもの不徳の致すところです

092

Aではあまりに軽すぎます。「不徳の致すところ」は、自分の行いに責任があるとして反省の意を示す慣用句です。

謝罪する②

Q. 次のうち、より適切な敬語表現はどちらでしょうか？

あなた：

問1

A 配慮がなっておらず、失礼いたしました。

B 配慮が行き届かず、申し訳ございません。

相　手：どうしてこのようになったのですか。

あなた：

問2

A 言い訳をさせていただくと……

B 言い訳をするわけではないのですが……

問1

B 配慮が行き届かず、申し訳ございません

093

ミスを謝罪するときによく使われる表現。良くないさまを「なっていない」と表現することがありますが、あくまで俗な言い回しです。

ポイント

・部下のミスに対しては「監督不行き届き」「管理不行き届き」といった表現も使われます。

問2

A 言い訳をさせていただくと……

094

結局このあとに述べるのは、相手にとって言い訳でしかありません。素直に言い訳であると認めたほうが潔く見えます。

相手のミスで被害を受けた

Q. 次のうち、より適切な敬語表現はどちらでしょうか？

あなた：

問1

A お約束と違うようですが……

B お話が違うのですが……

相　手：大変ご迷惑をお掛けいたしました。深くお詫び申し上げます。

あなた：

問2

A 社内の者も迷惑しておりますので……

B 申し上げにくいのですが、大変困惑しております。

相　手：早急に原因を究明いたします。

問1 **A** お約束と違うようですが…　095

「お約束」と言うことで、客観的な意見であることを強調することができます。相手がこちらの話を受け入れやすくなる、便利な表現です。

問2 **B** 申し上げにくいのですが、大変困惑しております　096

「みんな迷惑している」と大人数で相手を責めるのではなく、「私が困惑している」という言い方にするだけでも、かなり印象が和らぎます。

ポイント

・「どうしたものかと苦慮しております」といった表現もあります。

取引先を食事会に誘う

Q. 次のうち、より適切な敬語表現はどちらでしょうか？

あなた：
問1
A お願いしたいこともございますので、今度お食事でも……
B 今度お食事にでもお招きしたいのですが……

相　手：そんなお気遣いをいただいてはかえって恐縮です。

あなた：今回の件では大変お世話になりましたので、よろしければ、

ぜひ一度
問2
A ご接待したいのですが。
B 一席設けさせていただきたいのですが。

問1 097

B 今度お食事にでもお招きしたいのですが……

Aのように言ってしまうと相手も面倒がってしまいます。頼みがあっても表には出さないようにするとスムーズに進みます。

問2 098

B 一席設けさせていただきたいのですが

接待するときに「接待」と言うのはあまりに直接的です。「一席設ける」は、おもてなしの気持ちを表す定番のフレーズです。

ポイント

・一度遠慮された場合は、それが本心なのか社交辞令なのか見極めることが肝心です。

接客：来店時の対応

Q. 次のうち、より適切な敬語表現はどちらでしょうか？

あなた：いらっしゃいませ。

問1
A 何名様でいらっしゃいますか。
B 何名様でございますか。

お客様：3人です。

あなた：

問2
A 喫煙席と禁煙席、どちらがよろしいでしょうか？
B おタバコのほうはお吸いになりますか？

問1　099

A 何名様でいらっしゃいますか

丁寧語の「ございます」は、人よりも物に対して、また相手側より自分側のことに関して使われる傾向にあります。そのため、「いらっしゃいます」が適しています。

問2　100

A 喫煙席と禁煙席、どちらがよろしいでしょうか？

Bでも間違いではありませんが、席を選ぶのはお客様なので、相手に選ばせる聞き方をするとスムーズになります。

ポイント

・「～のほう」は婉曲表現としてよく用いられますが、省けるときは省くとすっきりします。

接客：注文を復唱する

Q. 次のうち、より適切な敬語表現はどちらでしょうか？

あなた：ご注文を

問1
A ご確認いたします。
B 確認いたします。

日替わりランチが2つ、サラダが2つ、

問2
A 以上でよろしいでしょうか。
B 以上でお間違いないでしょうか。

お客様：はい、大丈夫です。

問1 B 確認いたします
101

「ご～いたします」という謙譲語はありますが、Aのように相手に直接及ばない動作について使うとやや不自然な日本語になる傾向があります。

問2 A 以上でよろしいでしょうか
102

Bでは「お間違い」と言っていますが、ここで間違う可能性があるのはお客様ではなく店員です。「以上でよろしいでしょうか」が最も自然といえるでしょう。

ポイント

・「ご案内」「ご説明」のように自分が相手に対してする動作に「お（ご）」をつけても問題ありませんが、「私のお考え」「私のご旅行」のように自分の動作や物事を立ててしまう場合は誤用となります。

接客：料理を提供する

Q. 次のうち、より適切な敬語表現はどちらでしょうか？

あなた：失礼いたします。こちら

問1
A 日替わりランチでございます。
B 日替わりランチになります。

お客様：ありがとうございます。

あなた：ご注文の品は

問2
A お揃いでしょうか。
B 以上でよろしいでしょうか。

お客様：大丈夫です。

問1 **A** 日替わりランチでございます 103

「〜になります」は代表的なバイト敬語のひとつです。「です」「ます」より丁寧な印象を与えますが、伝統的な敬語表現ではありません。よく耳にする表現ではあるものの、多く誤りとされますので、なるべく避けましょう。

問2 **B** 以上でよろしいでしょうか 104

Bがもっともスマートな言い回し。Aの場合は「ご注文の品」に対して「お揃い」と敬語を使ってしまっているため、違和感のある表現です。

ポイント

・「皆さんお揃いでしょうか」と言う場合は問題ありません。

接客：お会計

Q. 次のうち、より適切な敬語表現はどちらでしょうか？

お客様：お願いします。

あなた：

問1

A 千円からお預かりいたします。

B 千円、お預かりいたします。

問2

A 五百円とレシートのお返しです。

B 五百円のお返しとレシートです。

ありがとうございました。

問1 **B** 千円、お預かりいたします 105

「から」を使うことで間接的に表現しているという説もありますが、「から」は不要です。

ポイント

・おつりが発生する場合は「お預かりいたします」、おつりがない場合は「ちょうど頂戴します」と言うように指導しているお店が多いようです。

問2 **B** 五百円のお返しとレシートです 106

「レシートのお返しです」と言うと、相手から渡されてもいないレシートを返すような言い方になるため、違和感を覚える人もいます。

接客：洋服店

Q. 次のうち、より適切な敬語表現はどちらでしょうか？

あなた：こちらの

問1
A おコートはいかがですか。
B コートはいかがですか。

お客様：そうですねえ。

あなた：やわらかい生地ですので

問2
A お召しになりやすい
B お召しやすい

かと思います。

問1 **B** コートはいかがですか 107

外来語には「お」をつけないのが原則ですので、基本的には省きます。ただし、「おニュー」「おトイレ」「おソース」「おタバコ」のように、限定的に認められているものもあります。

問2 **A** お召しになりやすい 108

「着る」の尊敬語が「お召しになる」なので、「着やすい」は「お召しになりやすい」という言い方が正しいです。

ポイント

・「お求めやすい価格」「お分かりにくい点」などはよく見られる誤用例ですので、注意しましょう。それぞれ「お求めになりやすい価格」「お分かりになりにくい点」が正しいです。

接客：旅館のフロント

Q. 次のうち、より適切な敬語表現はどちらでしょうか？

お客様：浴衣はどこにありますか？

あなた：浴衣やタオル類は各部屋に

問1

A 用意してございます。

B 用意しております。

お客様：大浴場は何時まで利用できますか？

あなた：23時まで

問2

A ご利用できます。

B ご利用になれます。

問1　109

B 用意しております

「～てございます」という言い方は決して間違いではありませんが、違和感を覚える人もいるため「～ております」としたほうが無難です。

ポイント

・「用意してある→用意してございます」のように「ある」を置き換える場合のみ認められますが、「入っている→入ってございます」のように「いる」を置き換える場合は一般的に誤りとされます。

問2　110

B ご利用になれます

「ご～できる」という形は、謙譲語「ご～する」の可能を表す言い方なので、尊敬語にはなりません。

営業トークのコツ

丁寧な言葉づかいができても、その話し方・聞き方にまで気を配れなければ意味がありません。コツを学んでおきましょう。

・会話のキッカケを作る！

定番である天気の話や、話題のニュース、流行グルメなど、万人受けするテーマを選びましょう。ただし話題のニュースであっても、政治や宗教についてなど、人によって意見が分かれやすいテーマはタブーです。

・上手な話の広げ方

序盤は相手が「はい」「いいえ」で答えられるような簡単な質問で話を広げ、徐々に相手の人柄がでてきたところで、会話が展開していくような質問を投げかけてみましょう。

・意外に重要なあいづち

「はい、はい」と一辺倒にならずに「さすがですね」「面白いですね」「それからどうなったんですか？」とバリエーション豊かなあいづちを心掛けましょう。

・両面開示法を効果的に使おう！

相手から指摘をされる前に「～な点はありますが、確実に○○できます」というようにあらかじめメリット・デメリットを伝えることを「両面開示法」といいます。デメリットも正直に伝えることで、誠実な印象を与えられるテクニックです。

第3章 電話・メールでの敬語

かかってきた電話への挨拶

Q. 次のうち、より適切な敬語表現はどちらでしょうか？

あなた：はい、〇〇株式会社の

問1
A 山田です。
B 山田と申します。

取引先：わたくし、××商事の佐藤と申します。

あなた：

問2
A いつもお世話になっております。
B お世話様です。

取引先：先日のミーティングの件なのですが……

問1 **B** ～と申します 111

「～です」でも大きな間違いではありませんが、名前を名乗るときは「～と申します」と謙譲語を用いる方が丁寧な印象を与えます。

問2 **A** いつもお世話になっております 112

これはひとつの定型句なので必ず覚えておきましょう。初めて話をする相手に対しても、社交辞令としてよく使われるフレーズです。

ポイント

・「お世話様です」は目上から目下に使う言葉なので、ここでは適切ではありません。

取引先に電話をかける

Q. 次のうち、より適切な敬語表現はどちらでしょうか？

あなた：突然のお電話失礼いたします。○○株式会社の山田と申します。

問1
A **佐藤様でいらっしゃいますか？**
B **佐藤様のお電話でよろしかったでしょうか？**

取引先：お世話になっております。はい、××商事の佐藤です。

あなた：お世話になっております。

問2
A **ただいまお時間よろしいですか？**
B **いま、大丈夫でしょうか？**

問1　113

A 佐藤様でいらっしゃいますか？

いわゆる「バイト敬語」とされる「よろしかったでしょうか」は少しずつ許容されてきている向きもありますが、気にする人も一定数いるので使わない方がベターです。

ポイント

・相手の携帯電話にかける場合は、「～様のお電話でお間違いないでしょうか？」でもOK。

問2　114

A ただいまお時間よろしいですか？

事前に電話の約束をしていたとしても、念のため確認しておくようにしましょう。いきなり本題に入るのはNGです。

ポイント

・「お忙しいところ恐縮です」などと言い添えるのも、丁寧で好印象です。

電話相手を待たせてしまった

Q.次のうち、より適切な敬語表現はどちらでしょうか？

あなた：
問1
A 遅くなりました。
B 大変お待たせいたしました。
○○株式会社です。

取引先：お世話になっております。××商事の佐藤です。山田様をお願いしたいのですが。

あなた：はい、
問2
A 私が山田でございます。
B 山田は私ですが。

問1　115

B 大変お待たせいたしました

ビジネスの電話は2～3コール以内で取るのが基本。それ以上待たせてしまった場合は、丁寧にお詫びするのが礼儀です。

ポイント

・「お待たせして申し訳ございません」でもOK。

問2　116

A 私が～でございます

Bは「私ですが何か?」という素っ気ない態度に聞こえます。「ある」の丁寧語である「ございます」を使うとより好印象です。

電話の用件を聞く

Q. 次のうち、より適切な敬語表現はどちらでしょうか？

あなた：
問1
A はい、もしもし。
B お電話ありがとうございます。
○○株式会社です。

取引先：田中様をお願いしたいのですが。

あなた：おそれ入りますが、
問2
A 何のご用でしょうか？
B ご用件をお伺いしてよろしいですか？

問1　117

B　お電話ありがとうございます

「お世話になっております」と同じくらい使われる定番フレーズです。こちらもバリエーションのひとつとして覚えておきましょう。

ポイント

・「もしもし」は丁寧な表現ではないので、ビジネスでは使わないようにしましょう。

問2　118

B　ご用件をお伺いしてよろしいですか？

相手の用件が分からない場合に使えるフレーズです。「何のご用ですか」というような、突き放した印象を与える言い回しはNG。

ポイント

・「本日はどのようなご用向きでしょうか？」も、同じ場面で使える便利なフレーズです。

電話を取り次ぐ

Q. 次のうち、より適切な敬語表現はどちらでしょうか？

取引先：田中様とお約束があった者なのですが。

あなた：おそれ入りますが、

問1

A お名前をお聞かせいただけますか。

B お名前をいただけますか。

取引先：はい、××商事の佐藤と申します。

あなた：すぐに呼んで参りますので、

問2

A 少々お待ちください。

B 1～2分ほどお待ちください。

問1

A お名前をお聞かせいただけますか

119

「お名前をいただく／頂戴する」はつい言ってしまいがちですが、名前は相手からもらうものではないので、厳密には誤りです。

ポイント

・「失礼ですが……」と、相手に名乗るよう促す言い方もNGです。

問2

B 1～2分ほどお待ちください

120

少しでも相手を待たせてしまうような場合には、「どのくらい時間がかかるのか」という具体的な数字を示すとより丁寧です。

ポイント

・時間が分からない場合は、「後ほどこちらからお電話を～」という対応でもOKです。

指名された上司が不在

Q. 次のうち、より適切な敬語表現はどちらでしょうか？

取引先：田中様はいらっしゃいますでしょうか。

あなた：申し訳ありません、田中は終日

問1
A **不在でございます。**
B **いませんで。**

取引先：失礼いたしました。お休みされているのでしょうか？

あなた：はい、田中は本日

問2
A **お休みを頂戴しています。**
B **休みを取っております。**

問1 121

A 不在でございます

Bの「いる」は敬語表現ではありません。言い換える場合は「いる」の謙譲語「おる」を使って「おりません」とするのが正しいです。

ポイント

・指名されたのが同僚や部下であっても同様です。

問2 122

B 休みを取っております

一見Aの方が丁寧な表現に見えますが、休みは相手から「頂戴する」ものではなく、自分で「取る」ものです。

ポイント

・「頂戴いたします」は「頂戴＋いたす」の二重敬語なので、厳密には正しい表現ではありません。

上司が別の電話に対応中

Q.次のうち、より適切な敬語表現はどちらでしょうか？

取引先：田中様をお願いしたいのですが。

あなた：申し訳ありません。

問1

A あいにく別のお電話に対応中でして。

B 今は出られません。

取引先：そうでしたか。では後ほどまたご連絡いたします。

あなた：かしこまりました。

問2

A ご面倒かと存じますがお願いいたします。

B 面倒ですがお願いいたします。

問1 A あいにく別のお電話に対応中でして 123

相手の申し出を断る必要がある際は、「あいにく……」と切り出すことで「申し訳ない」というニュアンスを含ませることができます。

問2 A ご面倒かと存じますが…… 124

「面倒」なのは相手なので、接頭語「ご」を使います。また、「思う」「知っている」の謙譲語「存じる」を併せて使うことで、より丁寧な表現になります。

ポイント

・「お忙しいと存じますが」など、「存じる」は何かと使えるフレーズなので覚えておきましょう。

もらった電話で別の用件を伝える

Q. 次のうち、より適切な敬語表現はどちらでしょうか？

あなた：すみません、

問1
A ついでなのですが。
B いただいたお電話で恐縮ですが。

取引先：はい、どうなさいましたか？

あなた：例の案件ですが、

問2
A 大変申し上げにくいのですが
B はっきり申し上げると

期日に間に合わない可能性が……

問1 **B** いただいたお電話で恐縮ですが 125

相手からもらった電話で別の用件を伝えるときは、ひと言断りを入れるのがマナー。是非覚えておきたいフレーズです。

問2 **A** 大変申し上げにくいのですが 126

少し言いにくいことを相手に伝えるときに便利なフレーズ。このひと言があることで、相手もある程度心構えをすることができます。

ポイント

・似た表現として、「有《あ》り体《てい》に申しますと」もよく使われます。

電話相手が不在だった

Q. 次のうち、より適切な敬語表現はどちらでしょうか？

あなた：佐藤様は

問1
A **お手すきでしょうか？**
B **おりますでしょうか？**

取引先：申し訳ございません、ただいま席を外しておりまして。

あなた：それでは

問2
A **一旦、失礼します。**
B **後ほどまたお電話させていただきます。**

取引先：よろしくお願いいたします。

問1　**A**　お手すきでしょうか？　127

「おる」は「いる」の謙譲語なので、相手に対して使うのはNG。この場合は尊敬語「いらっしゃる」を使いましょう。

ポイント

・似た言い回しに、「ご在席でしょうか」「ご在宅でしょうか」などもあります。

問2　**B**　後ほどまたお電話させていただきます　128

電話をかけた相手が不在だった場合に使えるフレーズ。ついでに相手が戻る時間を聞いておくとスマートです。

ポイント

・再度連絡するタイミングを具体的に伝えると、より丁寧です。

電話で伝言をお願いする

Q. 次のうち、より適切な敬語表現はどちらでしょうか？

あなた： 大変申し訳ないのですが、佐藤様が

問1
A お戻りになられたら
B お戻りになったら

折り返しお電話をいただけますでしょうか？

取引先： あいにく、佐藤は終日戻らない予定でして。

あなた： それでは、

問2
A 伝言
B ご伝言

をお願いしてよろしいでしょうか。

問1 B お戻りになったら 129

Aは「お戻り」と「なられる」の二重敬語になっているのでNG。正しくは「お戻りになったら」または「戻られましたら」です。

問2 B ご伝言 130

こちらからの伝言ですが、あくまで実際に伝えるのは相手なので、この場合は「ご」を付けてOKです。

ポイント

・「お」「ご」を付ける／付けないは紛らわしいので注意。主体がどこであるかを意識しましょう。

客からの問い合わせ電話

Q.次のうち、より適切な敬語表現はどちらでしょうか？

あなた：以上、

問1
A ご納得いただけましたでしょうか。
B 説明はここまでです。

お客様：わかりました、別の方法を検討してみます。

あなた：この度は、

問2
A 誠にすみませんでした。
B ご意向に添えず誠に申し訳ございません。

問1

A ご納得いただけましたでしょうか

131

「ご納得いただけましたら幸いです」などと言い換えてもOK。「ご納得」以外に、「ご了承」という言い方もあります。

問2

B ご意向に添えず誠に申し訳ございません

132

顧客や目上の人にきちんと謝罪する場合、「すみません」では軽い印象を持たれてしまう可能性があります。

ポイント

・「ご意向」は「ご期待」「ご要望」などと言い換えてもOK。

電話が聞き取りづらい

Q. 次のうち、より適切な敬語表現はどちらでしょうか？

取引先：明日のミーティングの件でお電話したのですが。

あなた：

問1

A もう一度よろしいでしょうか？

B もう少し大きな声でお願いします。

取引先：明日のミーティングの件なのですが……

あなた：申し訳ありません、

問2

A お声が遠いようでして。

B お電話が遠いようでして。

問1 133

A もう一度よろしいでしょうか？

「おそれ入りますが」「申し訳ないのですが」と頭に言い添えてもよいでしょう。「もう少し大きな声で……」は偉そうな印象を与えてしまうのでNG。

問2 134

B お電話が遠いようでして

電話相手の声がよく聞こえないときに使える定番フレーズです。使用頻度も高いので、是非覚えておきましょう。

ポイント

・「お声が遠いようで」は相手を責めるニュアンスを含んでしまうので、使わない方がベターです。

明らかな間違い電話

Q. 次のうち、より適切な敬語表現はどちらでしょうか？

相　手：△△株式会社の鈴木さんでしょうか？

あなた：○○株式会社です。

問1

A 間違い電話ではないですか？

B 番号をお間違いではないでしょうか。

相　手：大変失礼いたしました。○○株式会社さんですね。

あなた：はい、

問2

A 左様でございます。

B そうです。

問1 **B** 番号をお間違いではないでしょうか　135

たとえ明らかな間違い電話であったとしても、きちんと丁寧に対応しましょう。突き放した言い方はNGです。

ポイント

・頭に「失礼ですが」と言い添えると、より丁寧です。

問2 **A** 左様でございます　136

相手を肯定する際に使うフレーズ。「そうです」「そうでございます」ももちろん間違いではありませんが、この言い方がより丁寧です。

ポイント

・「おっしゃる通りでございます」も同様にOKです。

急な休みの連絡をする

Q. 次のうち、より適切な敬語表現はどちらでしょうか？

あなた：
問1
A 私事で恐縮ですが
B 急なのですが
昨晩祖父が他界しまして、葬儀のためお忌引き休暇を取ってもよろしいでしょうか。

上司：それは残念でしたね。わかりました、皆には伝えておきます。

あなた：ご迷惑をおかけして
問2
A 心苦しいのですが、
B すみませんが、
お願いします。

問1 A **私事で恐縮ですが** 137

ビジネスのような公的な場で、プライベートな話をするときの定番フレーズです。礼儀として言い添えるようにしましょう。

ポイント

・「私事で申し訳ないのですが」といった言い回しでも、もちろんOKです。

問2 A **心苦しいのですが** 138

「申し訳ないのですが」「大変恐縮なのですが」と似たバリエーションのひとつとして、覚えておきたいフレーズです。

休日に急ぎの電話をする

Q. 次のうち、より適切な敬語表現はどちらでしょうか？

あなた：○○株式会社の

問1
A **お世話になっております。**
B **お休みのところ申し訳ありません。**

山田と申します。

相　手：いつも大変お世話になっております。

あなた：佐藤太郎様

問2
A **はご在宅でしょうか。**
B **をお願いできますか。**

問1 **B** **139**

お休みのところ申し訳ありません

急用があり、どうしても休日に相手の自宅や携帯電話に電話をかける必要がある場合は、必ず最初にお詫びをしましょう。

ポイント

・電話だけでなく、メールでも使えるフレーズです。

問2 **A** **140**

ご在宅でしょうか

「○○をお願いできますか」という言い回しは、人によっては素っ気ない印象を持ってしまうこともあります。この場合は避けた方がベターでしょう。

アポイントの確認メール

Q. 次のうち、より適切な敬語表現はどちらでしょうか？

From：○○株式会社 山田
To：××商事 佐藤様

件名：明日の打ち合わせについて

佐藤様

お世話になっております。
○○株式会社の山田です。
明日の打ち合わせですが、

予定通り 16 時に　問1［ **A** 伺います。／ **B** お伺いいたします。］

この度は御社の　問2［ **A** 協力／ **B** お力添え］　を

いただけるとのことで、
大変心強く感じております。

何卒よろしくお願いいたします。

問1　141

A 伺います

「お伺い」と「いたします」は二重敬語になっているのでNG。つい言ってしまいがちなフレーズなので気を付けましょう。

問2　142

B お力添え

もちろん「ご協力」などでもOKなのですが、「お力添え」とした方がより丁寧で礼儀正しい印象を与えることができます。

ポイント

・他にも「ご助力」や「ご支援」といった言い回しもあります。

打ち合わせのお礼メール

Q. 次のうち、より適切な敬語表現はどちらでしょうか？

From：○○株式会社 山田
To：××商事 鈴木様

件名：先日はありがとうございました

××商事

「問1」
A 鈴木部長様
B 鈴木部長

いつも大変お世話になっております。
○○株式会社の山田です。

先日はお忙しいなか、

「問2」
A ご足労いただきありがとうございました。
B ご苦労様でした。

ご提案いただいた件につきましては、
弊社でも検討させていただきたいと思います。

引き続きよろしくお願いいたします。

問1　B　～部長　143

相手の「役職＋様」は二重敬語になってしまうのでNG。よくありがちなミスなので気を付けましょう。

問2　A　ご足労いただきありがとうございました　144

「ご苦労様」は目上の人から目下の人に使うねぎらいの言葉なので、適切な敬語表現ではありません。この場合は「ご足労いただき」「お越しいただき」などとしましょう。

ポイント

・「お疲れ様」は敬語表現として用いることができます。

メールで資料を送付する①

Q. 次のうち、より適切な敬語表現はどちらでしょうか？

From：○○株式会社 山田
To：××商事 佐藤様

件名：資料をお送りいたします

佐藤様

お世話になっております。
○○株式会社の山田です。

ご依頼いただいていた資料を添付いたしましたので、

「問1」 **A ご査収** / **B ご拝見** のほどよろしくお願いいいたします。

細かい確認事項につきましては、後日

「問2」
A ご一報いただけますと幸いです。
B 教えてもらえると幸いです。

何卒よろしくお願いいたします。

問1　A　ご査収

145

「送ったものをよく確認し、受け取ってください」という意味で、主にメールなどの文章でよく使われます。「拝見」は謙譲語なのでNGです。

ポイント

・調べるものや添付ファイルがない場合は、「ご確認」の方が適切です。

問2　A　ご一報いただけますと幸いです

146

相手方からの連絡や、何らかの反応が欲しいときに用いられるフレーズです。「ご一報ください」でもOK。

メールで資料を送付する②

Q. 次のうち、より適切な敬語表現はどちらでしょうか？

From：○○株式会社 山田
To：××商事 佐藤様

件名：資料をお送りいたします

佐藤様

いつもお世話になっております。
○○株式会社の山田です。

先日のミーティングの内容をまとめた資料をお送り

いたしますので、［問1］ **A** ご目通し ／ **B** お目通し

いただけますと［問2］ **A** 助かります。／ **B** 幸いです。

お忙しいところ恐縮ですが、
何卒よろしくお願いいたします。

問1 B お目通し 147

確認をお願いするときによく使われるフレーズ。じっくりというよりは、「全体をざっと見る」というニュアンスがあります。また、「目通し」は訓読みなので「ご」は付きません。

ポイント

・似た表現に、「ご一読」などがあります。

問2 B 幸いです 148

「〜いただけますと幸いです」は相手に何かお願いするときによく使うフレーズです。「助かります」や「嬉しいです」より丁寧な言い回しになります。

送付してもらった資料のお礼

Q. 次のうち、より適切な敬語表現はどちらでしょうか？

From：○○株式会社 山田
To：××商事 佐藤様

件名：資料をお送りいただきありがとうございました

問1
A **××商事 営業部 御中**
B **××商事 営業部 様**

いつも大変お世話になっております。
○○株式会社の山田です。

ミーティングの資料をお送りいただき、
ありがとうございました。

早速 問2
A **査収し、**
B **拝見し、**

改めてご連絡差し上げたいと思います。
引き続きよろしくお願いいたします。

問1　149

A　××商事 営業部 御中

組織名や団体名に付けるのは、「様」ではなく「御中」です。「様」を使う場合は、「営業部 佐藤様」となります。

問2　150

B　拝見し

「見る」ことをへりくだって言う語です。また、「査収」は相手の行為を指す言葉なのでこの場合は適切ではありません。

ポイント

・資料が文章であれば、「拝読」でもＯＫ。

催促メール①

Q. 次のうち、より適切な敬語表現はどちらでしょうか？

From：〇〇株式会社 山田
To：××商事 佐藤様

件名：先日のミーティングの件について

佐藤様

お世話になっております。
〇〇株式会社の山田です。

先日の件ですが、その後
「問1」
A どうでしょうか。
B いかがでしょうか。

確認させていただきたく、ご連絡差し上げました。

「問2」
A すでにご対応いただいている場合は恐縮ですが
B すでにご対応いただいているかと思いますが

お返事いただけますと幸いです。
何卒よろしくお願いいたします。

問1 **B** いかがでしょうか　151

どちらも意味は同じですが、ビジネスシーンではより丁寧な表現である「いかがでしょうか」を使います。

問2 **A** すでにご対応いただいている場合は恐縮ですが　152

催促メールでよく使われる言い回しです。このようなフレーズを入れることで、より印象が柔らかくなります。

ポイント

・本当に相手からの返信は来ていないか、しっかりと確認した上でメールを送りましょう。

催促メール②

Q. 次のうち、より適切な敬語表現はどちらでしょうか？

From：〇〇株式会社 山田
To：××商事 佐藤様

件名：お願いしていた資料について

佐藤様

いつも大変お世話になっております。
〇〇株式会社の山田です。

先日アンケート資料についてお願いのご連絡を
差し上げたのですが、ご覧いただけましたでしょうか。

「問1」
A 念のため再送させていただきますので、
B 一応再送いたしますので、

ご確認いただけますと幸いです。
なお、本メールと

「問2」
A 行き違いでしたらすみません。
B 行き違いになっている場合は何卒ご容赦ください。

問1　153

A 念のため再送させていただきますので

相手になるべく確認の手間をかけさせないため、一度送った資料を再送するケースがありますが、その際に使えるフレーズです。

ポイント

・「一応」はあいまいなニュアンスが強いため、使わない方がベターです。

問2　154

B 行き違いになっている場合は何卒ご容赦ください

こちらも催促メールでよく使われるフレーズです。「こちらの落ち度かもしれない」こともしっかりと考慮するようにしましょう。

取り急ぎの用件をメールする

Q. 次のうち、より適切な敬語表現はどちらでしょうか？

From：〇〇株式会社 山田
To：××商事 佐藤様

件名：明日のミーティングについて

佐藤様

お世話になっております。
〇〇株式会社の山田です。

先日お話した資料をお送りいたします。
詳しい内容については、

明日のミーティングにて

「問1」
A ご説明いたします。
B ご説明させていただきます。

「問2」
A 取り急ぎメールにて。
B まずは簡単な用件にて失礼いたします。

問1　**A** ご説明いたします　155

相手に許可を得て何かをしたり、相手に迷惑をかけたりするとき以外に「～させていただきます」を使うと、くどい言い方になります。

問2　**B** まずは簡単な用件にて失礼いたします　156

「取り急ぎ○○にて」はよく聞く表現ですが、あまり丁寧とは言えないので取引先に対して使うのはNG。あくまで丁寧に断りを入れましょう。

ポイント

・距離の近い同僚などへの社内メールに限っては「取り急ぎ○○にて」を使うのもよいでしょう。

商品の注文確認メール

Q. 次のうち、より適切な敬語表現はどちらでしょうか？

From：○○株式会社 山田
To：××商事 佐藤様

件名：ご注文ありがとうございます

佐藤様

いつも大変お世話になっております。
○○株式会社の山田と申します。

商品のご注文を 問1
A **承りました。**
B **お承りしました。**

誠にありがとうございます。

今後とも 問2
A **贔屓《ひいき》にしていただきますよう**
B **末永くご愛顧いただきますよう**

何卒よろしくお願い申し上げます。

問1 A 承りました 157

「引き受ける」「承諾する」の謙譲表現として、様々な場面で用いるフレーズ。「お～する」自体が謙譲語をつくる表現なので、「お承りしました」では二重敬語になってしまいます。

ポイント

・「ご意見を承る」など「聞く」の謙譲語としても「承る」は使われます。

問2 B 末永くご愛顧いただきますよう 158

「これからもよいお付き合いを続けてほしい」という意味合いを、丁寧に表したフレーズです。定型句として覚えておきましょう。

ポイント

・「ご愛顧くださいますよう」でもＯＫ。

謝罪メール

Q. 次のうち、より適切な敬語表現はどちらでしょうか？

From：○○株式会社 山田
To：鈴木様

件名：ご指摘いただいた件について

鈴木様

この度は弊社従業員の不手際によりご迷惑を
おかけしましたこと、心より深くお詫び申し上げます。
弊社では再度従業員への教育を徹底し、
再発防止に努めて参りますので、

何卒 「問1」 **A お許し** / **B ご容赦** いただけますと幸いです。

今後とも変わらぬご愛顧を賜りますようよろしく
お願いいたします。

誠に 「問2」 **A 簡単ながら、** / **B 略儀ながら、**

書面にてお詫び申し上げます。

問1　159

B　ご容赦《ようしゃ》

「許す」という意味の「容赦」の敬語表現。「お許しください」よりも丁寧な表現なので、ビジネスシーンではこちらを使う方がベターです。

問2　160

B　略儀《りゃくぎ》ながら

メールなどの文書で主に使われる表現。「簡単ではありますが」「本来の手続きを省略して申し訳ありませんが」といった意味合いのあるフレーズです。

ポイント

・同じ意味で「無作法ながら」という言い方もあります。

懇親会への招待メール

Q. 次のうち、より適切な敬語表現はどちらでしょうか？

From：○○株式会社 山田
To：××商事 佐藤様

件名：懇親会のお知らせ

佐藤様

平素より大変お世話になっております。
○○株式会社の山田でございます。

この度弊社では、日頃お世話になっております
関係各社の皆様への感謝のしるしとして、
懇親会を開催し

「問1」 **A 粗餐を差し上げたい** / **B 粗餐を振る舞いたい** と存じております。

ご多忙中のこととは存じますが、

是非 「問2」 **A ご参加賜りますよう** / **B ご参加くださいますよう**

お願い申し上げます。
以下、詳細を記載いたします。

問1 161

A 粗餐《そさん》を差し上げたい

「粗餐」とは「粗末な食事」という意味で、他人に振る舞う料理をへりくだって言う言葉です。「粗餐を差し上げる」でひとつのフレーズとして覚えておきましょう。

ポイント

・招待メールや招待状など、主に改まった場面で使われる表現です。

問2 162

A ご参加賜りますよう

「ご参加くださいますよう」でも間違いではありませんが、招待メールなど改まった文書を書く際には、より丁寧な表現を使う方が好ましいです。

手紙に使える時候のあいさつ

プライベートの場合は季節の言葉を入れた「和語調」、ビジネス文書の場合は「〜の候」といった「漢語調」を用いましょう。

1月
・よいお年をお迎えのことと存じます
・新春の候

2月
・立春とは名ばかりの寒い日が続きますが
・立春の候

3月
・桃の節句も過ぎ
・早春の候

4月
・うららかな春の訪れとなりました
・桜花の候

5月
・風薫る季節となりました
・新緑の候

6月
・梅雨明けが待ち遠しい毎日です
・入梅の候

7月
・海や山が恋しい季節となりました
・盛夏の候

8月
・立秋とは名ばかりの暑さが続きますが
・残暑の候

9月
・秋風が心地よい時節となりました
・初秋の候

10月
・木々の梢《こずえ》も色づいてまいりました
・仲秋の候

11月
・肌寒い日が続きますが
・晩秋の候

12月
・年の瀬も押し迫ってまいりました
・師走の候

第4章 日常での敬語

上司の家に招待された①

Q. 次のうち、より適切な敬語表現はどちらでしょうか？

あなた：本日は
問1
A お招きいただきありがとうございます。
B 呼んでいただきありがとうございます。

上　司：よく来てくれたね。

あなた：
問2
A ささやかなものですが、召し上がってください。
B つまらないものですが、召し上がってください。

上　司：わざわざありがとう。

問1 A **お招きいただきありがとうございます** 163

自宅や結婚式のパーティーなどに招待された場合に使える定型フレーズです。「呼ぶ」を使う場合は「お呼びいただき……」としましょう。

ポイント

・「この度はご招待いただき……」でもＯＫです。

問2 A **ささやかなものですが、召し上がってください** 164

よく「つまらないものですが」と言う人がいますが、「そんなに謙遜しなくても」「わざわざつまらないものを持って来たのか」と思われる可能性もあるので使わない方がベターです。

上司の家に招待された②

Q. 次のうち、より適切な敬語表現はどちらでしょうか？

あなた：すてきな［問1　A お家　B お宅］ですね。

上　司：狭いけど、ゆっくりしていってね。

あなた：いいえ、お招きいただき［問2　A 嬉しいです。　B 光栄です。］

問1 **B** **お宅** 165

相手の家に対する敬語表現。「あなた」という意味で「お宅は」「お宅様は」と言う人がいますが、こちらは横柄な印象を持たれかねないので使わない方がベターです。

問2 **B** **光栄です** 166

「嬉しいです」でも間違いではありませんが、「光栄です」とした方が丁寧かつスマートな印象を与えることができます。

ポイント

・目上の人に褒められたときなどにも使える便利なフレーズです。

上司の家でお茶をいただく

Q. 次のうち、より適切な敬語表現はどちらでしょうか？

上　司：実は最近、コーヒーに凝っていてね。

あなた：そうなんですね、

問1
A 存じませんでした。
B 知りませんでした。

上　司：よかったら飲んでみて。

あなた：ありがとうございます。

問2
A なんだか申し訳ないです。
B どうぞお気遣いなくお願いします。

問1　**A** 存じませんでした　167

「知っている」の謙譲語として、「存じる」はよく使うフレーズ。「存じ上げる」はそのとき話題になっている人に対して使う語で、それ以外のモノ・コトには「存じる」を使います。

問2　**B** どうぞお気遣いなくお願いします　168

「そんなに気を使わないでください」と伝えたいときに便利なフレーズ。相手からお土産を受け取った際などにも使えます。

ポイント

・「お構いなく」は少しくだけた表現なので、相手によっては使わない方がよいでしょう。

招待された家から帰る

Q. 次のうち、より適切な敬語表現はどちらでしょうか？

あなた：そろそろ

問1
A 帰らせていただきます。
B おいとまさせていただきます。

上　司：そうか、もうそんな時間か。

あなた：はい、

問2
A あまり長居するのも失礼なので
B この後も忙しいので

そろそろ……。

問1　169

B おいとまさせていただきます

「おいとま」は、訪問先から帰る・退出するという意味。定番フレーズなのでぜひ覚えておきましょう。

ポイント

・「帰らせていただきます」は少しきつい言い方なので、特に目上の相手に対しては失礼になります。

問2　170

A あまり長居するのも失礼なので

こちらも、訪問先から帰る際に使える定番の言い回し。「すっかり長居をしてしまいまして……」という言い方でもＯＫです。

ポイント

・たとえその後が忙しい場合でも、基本的には言わないのがベターです。

客を家に上げる

Q. 次のうち、より適切な敬語表現はどちらでしょうか？

あなた：どうぞ、
問1
A **入られてください。**
B **お上がりください。**

訪問客：お邪魔いたします。

あなた：
問2
A **お召し物**
B **着物**
をお預かりしますね。

訪問客：ありがとうございます。お願いいします。

問1　171

B お上がりください

尊敬語「お」を付けた、丁寧な言い回しです。「狭い家ですが……」などと軽く謙遜を付け足すのもよいでしょう。

問2　172

A お召し物

「召す」は、「食べる」「飲む」「着る」など、様々な動作を指す尊敬語。「お召し物」は、相手の衣服を丁寧に言った言葉です。

ポイント

・もう少しくだけた言い方をしたい場合は、「お着物」「お洋服」でもOKです。

客にお茶を出す

Q. 次のうち、より適切な敬語表現はどちらでしょうか？

あなた：こちら、

問1
A **おもたせで申し訳ありませんが……**
B **先ほどいただいたものですが……**

訪問客：ありがとうございます。いただきます。

あなた：

問2
A **紅茶がお好きだと伺ったので、**
B **粗茶ですが、**

こちらも召し上がってください。

問1 173

A おもたせで申し訳ありませんが……

「おもたせ」とは、来客が持って来た手土産のこと。相手の手土産をその場で一緒にいただくときに使える定番フレーズです。

ポイント

・「おもたせを買って行く」など、近年では客側の言葉として使うケースも増えています。

問2 174

A 紅茶がお好きだと伺ったので

「粗茶ですが……」と謙遜してお茶を出す人がいますが、「わざわざ粗茶を出すのか」と勘違いされてしまう場合もあるので注意が必要。Aがより無難です。

訪問客が帰る

Q. 次のうち、より適切な敬語表現はどちらでしょうか？

あなた：何か

問1
A 召し上がって
B 召し上がられて

いかれますか？

訪問客：せっかくですが、そろそろおいとまします。

あなた：すみません、

問2
A お構いもできませんで。
B あまりお相手もできず。

訪問客：いえいえ、楽しい時間でした。

問1 175

A 召し上がって

前出の「着る」同様、「食べる」の尊敬語としても使える「召す」。「召し上がられる」とすると二重敬語になってしまうので注意が必要です。

ポイント

・「お召し上がりください」も二重敬語ではありますが、最近は許容されるケースも増えています。

問2 176

A お構いもできませんで

「十分なもてなしができず申し訳ない」という意味で、謙遜して使う定番フレーズです。頻出ワードなのでしっかり覚えておきましょう。

ポイント

・「たいしたお構いもできませんで」という言い方もあります。

会食でお酒を断る

Q. 次のうち、より適切な敬語表現はどちらでしょうか？

相　手：もう一杯いかがですか。

あなた：いえ、もう

問1

A 結構です。

B 十分いただいております。

相　手：あまり進んでいないようですが。

あなた：あいにく、

問2

A 不調法なもので……。

B お酒は苦手で……。

問1 B 十分いただいております 177

どちらの選択肢も断っているという意味では同じですが、より丁寧な婉曲表現であるBの方がスマートな断り方だと言えるでしょう。

問2 A 不調法《ぶちょうほう》なもので…… 178

「不調法」は「酒などのたしなみがない」という意味。へりくだりつつお酒を断ることができる、便利なフレーズです。

ポイント

・「不調法」には「行き届いていないこと」という意味もあるので、お酒の席以外で使うこともできます。

会食のお会計をする

Q. 次のうち、より適切な敬語表現はどちらでしょうか？

あなた：先日はすっかり

問1
A おごっていただいて。
B ご馳走になってしまって。

相　手：いえいえ、とんでもないです。

あなた：では今日は、

問2
A こちらからお誘いしてしまったので……。
B 私が出しますよ。

問1　B　ご馳走になってしまって　179

「ご馳走」は、相手に対する尊敬語。食事代を出してもらったり、料理を振る舞ってもらったときに使える敬語表現です。

ポイント

・「ご馳走する」というように謙譲語として使われるケースもあります。

問2　A　こちらからお誘いしてしまったので　180

「こちらが支払います」という意思を示すときに使えるフレーズ。「私が出します」という直接的な表現よりもスマートな印象を与えることができます。

引っ越しの挨拶をする

Q. 次のうち、より適切な敬語表現はどちらでしょうか？

あなた：はじめまして。

問1
A 隣に越して参りました
B 隣に越して来ました

山田と申します。

隣　人：はじめまして。鈴木です、よろしくお願いします。

あなた：こちら、

問2
A よろしければご笑納ください。
B 心ばかりのものですが……。

隣　人：わざわざありがとうございます。

問1　181

A 隣に越して参りました

この場合は、「来る」の謙譲語である「参る」を使います。「なにかとご迷惑をおかけするかと思いますが……」などと言い添えると、より丁寧です。

ポイント

・「引っ越しの作業で何かとお騒がせしてしまいまして」と言い添えてもよいでしょう。

問2　182

B 心ばかりのものですが……

手土産と同様、「ご笑納ください」と謙遜しすぎるとかえって悪い印象を持たれてしまう場合もあります。注意しましょう。

ポイント

・「ささやかなものですが」でもOK。

ご近所さんとの挨拶①

Q. 次のうち、より適切な敬語表現はどちらでしょうか？

ご近所：こんにちは。お元気にされていますか。

あなた：ええ、お陰様で［問1　A つつがなく　B 変わりなく］過ごしております。

ご近所：寒くなってきたので、体調には気を付けてくださいね。

あなた：鈴木さんも、［問2　A ご自愛ください。　B お身体ご自愛ください。］

問1 A つつがなく 183

「つつがない」とは、病気や災難もなく無事であるという意味。「つつがなく過ごす」でひとつのフレーズとして覚えておきましょう。

☝ポイント

・頭に「お陰様で」と付けるのも、より丁寧な印象を与えられるポイントです。

問2 A ご自愛ください 184

「ご自愛ください＝お身体を大切になさってください」という意味なので、「お身体ご自愛ください」では重複表現になってしまいます。

☝ポイント

・同じく相手を気遣う言葉として、「お大事になさってください」でもＯＫ。

ご近所さんとの挨拶②

Q. 次のうち、より適切な敬語表現はどちらでしょうか？

あなた：こんにちは。

問1
A どこに行かれるのですか。
B お出かけですか。

ご近所：こんにちは。ちょっと買い物へ行こうかと。

あなた：そうでしたか。

問2
A それでは、また。
B お引き止めして失礼しました。

問1 **B** **お出かけですか** 185

相手のプライベートについて、ずけずけと質問するのはNGです。「お出かけですか」くらいに留めておくのが丁度よいでしょう。

問2 **B** **お引き止めして失礼しました** 186

たとえ少しの間でも、「時間を奪ってしまい、失礼しました」と伝えるのが礼儀です。関係性によっては「すみません、お引き止めしてしまって」と少しくだけた言い方でもOK。

ポイント

・同様に「お急ぎのところすみません」などと言い換えてもOKです。

ご近所さんにおすそわけをする

Q. 次のうち、より適切な敬語表現はどちらでしょうか？

あなた：こんにちは。隣の山田です。

問1
A 最近どうですか。
B お変わりありませんか。

隣　人：こんにちは。お陰様で元気ですよ。

あなた：こちら、

問2
A いただきものですが、
B もらい物が余ったので、

よろしければどうぞ。

隣　人：いいんですか。ありがとうございます。

問1 B お変わりありませんか　187

相手を気遣いつつ、会話のきっかけとしても使える定番フレーズです。ぜひ覚えておきましょう。

ポイント

・少しくだけた表現ですが、相手によってはビジネスシーンでも使えるひと言です。

問2 A いただきものですが　188

「余ったからどうぞ」という言い方は失礼なのでNG。「いただきもので失礼ですが」などと、より丁寧な言い回しをするのもよいでしょう。

結婚式の受付を済ませる

Q. 次のうち、より適切な敬語表現はどちらでしょうか？

あなた：

問1

A 本日はおめでとうございます。

B こんにちは、友人の山田と申します。

受　付：本日はお忙しいなか、ご出席いただきありがとうございます。

あなた：

問2

A こちら、ご祝儀です。

B 心ばかりですが、お祝いの気持ちです。

問1　189

A 本日はおめでとうございます

結婚式の受付は新郎新婦の家族や友人など、関係の深い人が担当しているので、まずはお祝いの言葉を伝えるようにしましょう。

問2　190

B 心ばかりですが、お祝いの気持ちです

ご祝儀を渡す際には直接的な表現ではなく、謙遜を込めた婉曲的な表現を使うようにしましょう。

ポイント

・すでにご祝儀を渡してある場合は「お祝いは事前にお渡ししてありますので」などと伝えましょう。

結婚式の受付を担当する

Q. 次のうち、より適切な敬語表現はどちらでしょうか？

ゲスト：こちら、ささやかですがお祝いの気持ちです。

あなた：ありがとうございます。

問1
A お預かりいたします。
B 頂戴します。

それでは、こちらに

問2
A お名前をお願いします。
B ご記帳をお願いいたします。

問1　**A** お預かりいたします　191

ご祝儀を「頂戴する」のは受付のあなたではなく、あくまで新郎新婦です。間違いやすいので気を付けましょう。

ポイント

・「ご祝儀はお持ちですか?」などと、こちらから催促するのはNGです。

問2　**B** ご記帳をお願いいたします　192

ご祝儀を受け取ったら、帳簿に名前を書いてもらいます。どちらの選択肢も意味は同じですが、できるだけ丁寧な言い回しをするよう心がけましょう。

ポイント

・「ご署名をお願いいたします」でもOK。

結婚式の友人代表スピーチ

Q. 次のうち、より適切な敬語表現はどちらでしょうか？

問1
A ただいまご紹介にあずかりました、山田と申します。
B 本日はご多用の中お集まりいただき、誠にありがとうございます。

太郎くん、花子さん、並びに両家の皆様、本日はおめでとうございます。

誠に 問2 **A** 勝手 **B** 僭越 ではございますが、ひと言お祝いの言葉を述べさせていただきます。

問1 A ただいまご紹介にあずかりました、山田と申します 193

司会からの紹介を受けたひと言。結婚式など、パーティーの挨拶の冒頭に使われる定番のフレーズです。

ポイント

・「本日はご多用の～」は新郎新婦側の挨拶なのでゲストである友人の挨拶にはふさわしくありません。

問2 B 僭越《せんえつ》 194

「自分の身分を超えた、分不相応なことをすること」という意味。「誠に僭越ながら」と、ひとまとまりで覚えておくとよいでしょう。

葬儀の受付を済ませる

Q. 次のうち、より適切な敬語表現はどちらでしょうか？

受　付：本日はお足元の悪いなか、ご参列ありがとうございます。

あなた：この度は

問1
A 浮かばれないことで……。
B ご愁傷様でございました。

問2
A 大往生されましたね。
B 心よりお悔やみ申し上げます。

問1 195

B **ご愁傷《しゅうしょう》様でございました**

遺族に述べるお悔やみの言葉としてよく使われる言い回しです。一方「浮かばれない」などのネガティブな言葉は「忌み言葉」と呼ばれ、冠婚葬祭の場で使うのを嫌う人もいます。

ポイント

・「浮かばれない」には「成仏できない」という意味もあるので、特に葬儀ではNGです。

問2 196

B **心よりお悔やみ申し上げます**

こちらも葬儀でよく使われる言い回し。遺族に限らず、その関係者に対しても使えるフレーズです。一方「大往生」は遺族側が使う言葉なので、こちらから言うのはNGです。

ポイント

・ただし宗派によって言葉遣いは変わるケースがあるので、事前に調べておくようにしましょう。

葬儀の受付を担当する

Q. 次のうち、より適切な敬語表現はどちらでしょうか？

あなた：本日は
問1
A ご弔問
B ご会葬
いただきありがとうございます。こちらにご記帳をお願いいたします。

参列者：この度はご愁傷様でございます。

あなた：
問2
A お預かりします。
B わざわざありがとうございます。

問1 197

B ご会葬《かいそう》

「会葬」は「葬儀・告別式」に参列することを言います。一方、「弔問」はお通夜のときに使う言葉なので、この場合は適切ではありません。

ポイント

・「参列」は葬儀・お通夜どちらにでも使える言葉です。

問2 198

A お預かりします

前ページの「浮かばれない」と同様、「わざわざ」など不幸が重なることを連想させる「重ね言葉」もNGとされています。使わないようにしましょう。

ポイント

・「繰り返しの結婚」を連想させるため、結婚式でも重ね言葉は同様にNGです。

葬儀・告別式での挨拶

Q.次のうち、より適切な敬語表現はどちらでしょうか？

本日はご多忙中、ご会葬・ご焼香を［問1 **A** **してくださり** / **B** **賜りまして**］誠にありがとうございました。

皆様から心のこもったお別れの言葉に、故人もさぞかし喜んでいることと存じます。

また故人が生前あずかりましたひとかたならぬ［問2 **A** **ご厚誼** / **B** **ご親睦**］に対しましても、心よりお礼申し上げます。

問1　199

B 賜りまして

「賜る」は、目上の人からいただく、という意味。「〜を賜る」は最上級の敬意を示す表現としてよく使われます。

問2　200

A ご厚誼《こうぎ》

「厚誼」は、心のこもった親しい付き合いを意味する言葉です。この場合は相手からいただくものなので、「ご」を付けましょう。

ポイント

・類語に「ご厚情」という言葉があります。

SNSでのマナー

手軽に連絡がとれる反面、使い方を間違えると失礼にもなってしまうSNSでのやりとり。何に気を付けるべきなのでしょうか。

・友だち登録は要注意！

「LINEやDMはプライベートなやり取りだけにしたい」という人もいます。手軽なだけに、「すぐに返信しないと」とプレッシャーを与えてしまう可能性もあるので注意しましょう。

・絵文字やスタンプは使っていいの？

もちろん相手との関係性をきちんと考えた上でのことですが、最近では「使うのはアリ」と言う人も増えています。親密さを出したいときなど、効果的に使いましょう。

・メッセージは手短に！

SNSのメッセージの利点は、急ぎの連絡などを手軽に送ることができること。一方、長文でしっかりとした文面を送る場合は、メールの方が適当でしょう。

・相手との距離感を考えよう！

気軽に連絡がとれるとはいえ、仕事に関係のない私用のメッセージなどを頻繁に送るのはNG。また、休日の連絡も基本的には控えるようにしましょう。

第5章　ワンランク上の敬語

①
社内で使える言葉

▽立ち入った　201

深く入り込む。聞き手のプライベートなどについて質問する際に用いる。

使用例
・立ち入ったことをお聞きしますが……

▽差し出がましい　202

必要以上に関与しようとするさま。おせっかいなことを言うときなどに用いる。

使用例
・差し出がましいことを申しますが……

▽不《ぶ》躾《しつけ》　203

礼儀をわきまえていないこと。依頼しづらいお願いをするときなどに用いる。

使用例
・不躾なお願いではございますが……

▽ つかぬこと 204

それまでの話題とは関係のないことを尋ねる際に用いる。

使用例

・つかぬことを伺いますが……

▽ お言葉を返す 205

目上の人に対してやんわりと反論するときに使えるフレーズ。

使用例

・お言葉を返すようですが……

▽ 織り込み済み 206

前もって予定に入れてあること。相手と確認事項を共有する際などに使える。

使用例

・織り込み済みかとは存じますが……

▽ お使い立て 207

人に用事を頼むときに使うが、「お手を煩わせて……」よりはやや軽い印象。

使用例

・お使い立てして申し訳ありませんが……

208 異存《いぞん》ない

「異存」は反対意見のこと。相手の考えに賛成するときに用いる。

使用例

・そちらのご提案で異存ございません。

209 お含みおき

「含みおく」は、心に留めておくこと。相手に事情を理解してほしいときに使う。

使用例

・注意事項について、お含みおきください。

210 ご留意

心に留めること。相手に気に留めてほしいことを強調する際に用いる。

使用例

・下記の点にご留意ください。

211 お耳に入れる

情報を知らせる。目上の人へ何かを内々に伝えたいときに用いる。

使用例

・事前にお耳に入れておきたいことがございます。

212 ▽痛み入《い》る

相手からの親切や好意に深く感じ入る。嫌みとして言われることもあるので注意。

使用例

・お心遣い、痛み入ります。

213 ▽滅相《めっそう》もない

思いがけないことである。褒め言葉を否定して謙遜する際に用いる。

使用例

・お褒めいただけるなんて滅相もないことです。

214 ▽頭が下がる

尊敬せずにはいられない。「頭が上がらない」は引け目を感じる気持ちを表すので注意。

使用例

・部長のご指導には頭が下がる思いです。

215 ▽はばかりながら

「おそれ入りますが」「恐縮ですが」と同じく、遠慮しながら物を言う際に用いる。

使用例

・はばかりながら意見を申し上げます。

216 拝命する

謹んで受ける。任命されることをへりくだって言う表現。

使用例
・この度、責任者を拝命しました、鈴木です。

217 仰《おお》せつかる

目上の人からの指示を謹んで受ける。もっぱら「大役を仰せつかる」の形で用いる。

使用例
・プロジェクトリーダーという大役を仰せつかる。

218 過分

身分に合わない扱いを受けること。謙遜しながら感謝を表す際に用いる。

使用例
・過分なお言葉をいただき、ありがとうございます。

219 身に余る

評価などが自分にふさわしいと思えないほど良すぎておそれ多い。

使用例
・身に余るお言葉をいただき、恐縮です。

220 力不足

与えられた仕事をこなすだけの力量がないこと。「役不足」とは意味が異なるので注意。

使用例

・初めてのことで力不足とは存じますが……

221 若輩者

未熟で経験の浅い人。そのような自分をへりくだる際に用いる。

使用例

・まだまだ若輩者の私ではございますが……

222 お眼鏡にかなう

目上の人に気に入られる。ここでの「眼鏡」は物事の価値を見極める力のこと。

使用例

・彼は上司のお眼鏡にかない、昇進が決まったそうだ。

223 お褒めにあずかる

「褒められる」ことを謙遜した表現。「与《あずか》る」は目上の人から好意を受けること。

使用例

・お褒めにあずかり光栄です。

▽後学 224

将来の自分のためになる知識。詳しい相手から情報を引き出すときに使う。

使用例

・後学のためにお伺いしたいのですが……

▽ご教示 225

教え示すこと。「ご教授」は学問や技芸を授けるときに使われるので使い分けに注意。

使用例

・使い方についてご教示いただけますでしょうか。

▽諌《いさ》める 226

目下の人が、目上の人のよくない点を指摘する際に用いる。

使用例

・部長の横柄な態度をお諌めする。

▽ご無用 227

不要であること。「不要」や「結構」よりも柔らかい表現になる。

使用例

・なお、返信はご無用です。

ご栄転 228

良い地位に移ること。また、転任の尊敬表現。相手に対して用いる。

使用例

・本社へのご栄転、おめでとうございます。

一助 229

「何かの足し」「少しの助け」という意味。相手の助けになることをへりくだる表現。

使用例

・解決の一助になれば幸いです。

ご高説 230

相手の意見を敬う表現。やや皮肉のように聞こえることもあるので注意。

使用例

・ぜひご高説を伺いたいです。

お察しする 231

相手の苦しい気持ちや悲しい気持ちに対して同情を示す表現。「拝察」も同様の意味。

使用例

・ご心労お察しします。

② 社外で使える言葉

232 お見知りおき

自己紹介の際に、相手が自分を覚えておくことを丁寧に言う表現。

使用例

・どうぞお見知りおきください。

233 ご来訪

相手が自分のもとへやって来ることを敬って言う言葉。

使用例

・ご来訪いただきありがとうございます。

234 ご厄介になる

相手に迷惑をかけて申し訳ないという気持ちを込めた挨拶に用いられる。

使用例

・ご厄介になりまして、ありがとうございました。

235 末席を汚《けが》す

会合に出席したり、集団に加わったりすることを謙遜していう言葉。

使用例

・会の末席を汚しております。

236 手前味噌

自慢すること。もっぱら、自分や身内を褒める際の前置きに使われる。

使用例

・手前味噌ですが、品質には自信があります。

237 あしからず

相手の意向には添えないが、悪く思わないでほしいという気持ちを言った表現。

使用例

・あしからずご了承ください。

238 ご放念

気に留めず心配しないこと。相手に忘れてもらって構わないことに対して言う。

使用例

・もしご無理であれば、ご放念ください。

▽ご清聴　239

他人が自分の話を聞いてくれることを敬って言う言葉。

使用例

・ご清聴ありがとうございました。

▽お志　240

相手の厚意を敬って「お志《こころざし》」という。「ご厚《こう》志《し》」も同様の意味で用いられる。

使用例

・お志はありがたいのですが、辞退いたします。

▽ご勘案　241

いろいろな事情や物事を考え合わせること。考えめぐらすこと。

使用例

・ご勘案いただけると幸いです。

▽やぶさかでない　242

「喜んで～する」という意味。賛同しながら事情を説明する際の前置きにも用いる。

使用例

・御社への協力にはやぶさかでないのですが……

243 伏して

くれぐれも。謹んで。相手に強くお願いをする際に用いる。

使用例

・伏してお願い申し上げます。

244 お取りなし

相手にお願いをするとき、特にトラブルに対処してほしいときに用いる。

使用例

・お取りなしのほど、よろしくお願いいたします。

245 ご高名

相手の名前を敬って言う言葉。もっぱら初対面での挨拶に用いられる。

使用例

・ご高名はかねてから伺っております。

246 忌《き》憚《たん》のない

「忌憚」は遠慮して控えること。遠慮せず率直に言ってほしいときに用いる。

使用例

・忌憚のないご意見をお聞かせください。

247 不本意

自分の望みとは異なること。相手の期待に添えず残念だという気持ちにも使える。

使用例

・誠に不本意ではございますが……

248 お汲み取り

苦しい事情があって断らざるをえないことを、相手に理解してほしいときに用いる。

使用例

・何卒内情をお汲み取りいただければ幸いです。

249 遺憾

残念に思うこと。「遺憾」自体には謝罪の意味はないので、お詫びの言葉とともに使う。

使用例

・このような事態が起きることは、誠に遺憾です。

250 ご用命

注文や用事を言いつけること。自分が依頼する際には用いない。

使用例

・ご用命をお待ちしております。

251 お骨折り

苦労すること。相手に助けてもらったことに対して用いる。

使用例

・お骨折りいただきありがとうございました。

252 足を向けて寝られない

恩を感じている人に対する感謝やおそれ多い気持ちを表した決まり文句。

使用例

・○○様には足を向けて寝られません。

253 願ってもない

自分にとって嬉しい依頼や誘いを受けたときに使えるフレーズ。

使用例

・願ってもないお話です。ありがとうございます。

254 ご随意に

思いのままにするさま。「ご勝手に」や「ご自由に」よりも印象が良くなる。

使用例

・どうぞご随意になさってください。

255 ▽承服《しょうふく》

相手の意見を受け入れること。多く、否定文で用いられる。

使用例

・こちらのご提案には承服いたしかねます。

256 ▽鋭意《えいい》

気持ちを集中させて励むこと。「鋭意制作中」のように、副詞として用いる。

使用例

・鋭意努力して参ります。

257 ▽申し開き

弁明するという意味の「言い開く」をへりくだった表現。

使用例

・申し開きのしようもございません。

258 ▽敬服

目上の人に強い尊敬の念を抱いて、感心すること。

使用例

・部長のお心配りにはいつも敬服しております。

▽一存 259

自分一人の考え。「一存で決める」の形で用いることが多い。

使用例

・私の一存では決めかねます。

▽ご相伴《しょうばん》 260

相手の行動に付き合うこと。特に、相手と食事をすること。「お相伴」も使われる。

使用例

・昨日はご相伴にあずかり、ありがとうございました。

▽一献《いっこん》 261

さかずき一杯の酒。「一杯」よりも丁寧な表現として用いられる。

使用例

・どうぞ、一献いかがですか。

▽お手回り 262

身の回りの持ち物。「お荷物」よりも品の良い表現になる。

使用例

・お手回り品をお忘れなく。

③ メール・文書で使える言葉

263 ▽ご健勝

健康であるさま。「ご清祥」などと同様に、手紙文の書き出しに用いられる。

使用例

・ご健勝のこととお慶び申し上げます。

264 ▽末筆ながら

手紙の結びの挨拶を書く際に用いられる決まり文句。

使用例

・末筆ながら、皆様のご健康をお祈り申し上げます。

265 ▽ご高配

相手の配慮を敬って言う言葉。ビジネスメールの冒頭に用いられる。

使用例

・平素は格別のご高配を賜り、厚く感謝申し上げます。

お読み捨て 266

返信が不要であることを暗に伝える際に用いる。「お見捨て置き」も同様。

使用例

・どうぞお読み捨てください。

ご参集 267

一か所へ集まること。会議や集会の案内などに用いる。

使用例

・ご参集のほど、よろしくお願いいたします。

お引き回し 268

指示をして動かすこと。指導や世話をしてもらう相手を敬う言葉。

使用例

・よろしくお引き回しのほどお願いいたします。

恐悦《きょうえつ》 269

目上の人から褒められた際に、かしこまって喜ぶこと。

使用例

・恐悦至極に存じます。

▽ ご交誼《こうぎ》 270

親しい交わり。「厚誼」「好誼」「高誼」も極めて似た意味で用いられる。

使用例

・末永くご交誼を賜りますようお願いいたします。

▽ 幸甚 271

非常に幸せなこと。「~してくれたら嬉しい」という気持ちをかしこまって言う言葉。

使用例

・ご確認いただけますと幸甚に存じます。

▽ 万障《ばんしょう》お繰り合わせ 272

予定を調整して参加できるようにしてほしいと伝えるための定型句。

使用例

・万障お繰り合わせの上ご参加願います。

▽ 貴意《きい》 273

相手の意見や考えを敬って言う言葉。手紙文で用いる。

使用例

・貴意に添いかねる事情をご賢察《けんさつ》のうえ……

▽ 相成《あいな》る　274

「なる」の改まった言い方。もっぱら、重要な報告をする際に用いる。

使用例

・本社を移転することに相成りました。

▽ 陳謝　275

事情を述べて謝罪すること。「陳」は言葉を並べ立てること。

使用例

・心より陳謝申し上げます。

▽ 浅学非才《せんがくひさい》　276

学問や知識に乏しく、未熟であること。謙遜に用いる。「浅学菲才」とも。

使用例

・浅学非才の身ではございますが……

▽ 念に堪えない　277

抑えきれないほど感情が溢れているさま。「感謝」「慚愧《ざんき》」「哀惜」などの後につく。

使用例

・多大なるご支援を賜り、感謝の念に堪えません。

278 精進

一生懸命に努力すること。そうした気持ちを謙虚に示す際に用いる。

使用例

・日々精進して参ります。

279 邁進《まいしん》

恐れずまっしぐらに突き進むこと。「精進」と似たような意味で用いられる。

使用例

・いっそう邁進して参ります。

280 仄聞《そくぶん》

人づてに、うすうす聞いていること。「仄」は「ほのか」の意味。

使用例

・御社の経営状況については仄聞しております。

281 ひとかたならぬ

並ひととおりでない。多く、挨拶文で用いられる。

使用例

・旧年中はひとかたならぬご厚情を賜り……

▽ご高覧 282

相手が見ることを敬って言う言葉。「ご清覧」も同義語。

使用例

・ご高覧いただけましたら幸いです。

▽ご恵贈 283

物を贈られることを、相手を敬って言う言葉。お礼状などに用いられる。

使用例

・ご恵贈いただきまして、ありがとうございました。

▽祈念 284

願いが叶うよう、神仏に祈ること。強く願っているさまを表す。

使用例

・ご活躍を祈念しております。

▽ご自愛専一 285

自分の健康を一番に考えること。手紙の結びの言葉として用いる。

使用例

・ご自愛専一にてお過ごしくださいませ。

④ 日常会話で使える言葉

286 拙宅《せったく》

自分の家をへりくだって言う言葉。同義語に「拙家」「小宅」がある。

使用例

・先日は拙宅までご足労いただきまして……

287 ごめんくださいませ

訪問時だけでなく、別れ際や電話を切る際にも用いられる挨拶。

使用例

・それでは、ごめんくださいませ。

288 空茶《からちゃ》

お茶菓子なしでお茶を出すことに対して、断りを入れるときに使う。

使用例

・空茶ですが、どうぞ。

289 ▽お風邪を召す

「お年を召す」「お気に召す」と同様に、「風邪をひく」を尊敬語にした表現。

使用例

・お風邪など召しませぬようご自愛ください。

290 ▽案じる

心配する。相手のことが気がかりであることを丁寧に伝える表現。

使用例

・入院されたと聞き、案じております。

291 ▽些少《さしょう》

数量がわずかであること。程度の小ささを言う際に用いる。

使用例

・些少ですが、どうぞお納めください。

292 ▽おいといください

健康に気遣ってほしいことを伝える言葉。ここでの「厭《いと》う」は「大事にする」という意味。

使用例

・どうかお身体おいといください。

▽ご長命 293

長生きして亡くなった人に対する言葉。「天寿」「大往生」などは親族が使う言葉。

使用例

・ご長命でしたのに、とても残念です。

▽衷心《ちゅうしん》より 294

心の底から。心底。弔電に用いられることも多い。

使用例

・ご逝去に際し衷心よりお悔やみ申し上げます。

▽お力落とし 295

希望がなくなってがっかりすること。遺族をいたわる際に用いる。

使用例

・どうかお力落としなさいませんように。

▽遅ればせながら 296

お祝いやお悔やみの返事などが遅れてしまったことを意味する前置き。

使用例

・遅ればせながらお悔やみ申し上げます。

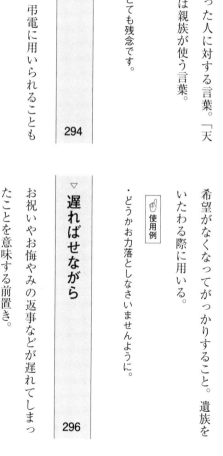

297 小宴

自分の主催する宴会をへりくだって言う言葉。結婚式の案内に用いることが多い。

使用例

・ささやかな小宴を催したく存じます。

298 ご来臨《らいりん》

相手が出席することを敬って言う言葉。「ご来臨の栄《えい》」という形でも用いる。

使用例

・ご来臨の栄を賜りますようご案内申し上げます。

299 ご多幸

幸せが多いこと。結婚式に際しての祝電に用いられることが多い。

使用例

・末永いご多幸を心よりお祈りいたします。

300 幾久《いくひさ》しく

いつまでも。末永く。結納や結婚式などの儀式で用いられる。

使用例

・幾久しくお幸せに。

参考文献

【書籍】

・本郷陽二『言えそうで言えない敬語』朝日新聞出版、２００９
・本郷陽二『頭がいい人の敬語の使い方』日本文芸社、２００８
・佐藤幸一『たった一言で印象が変わる！　敬語の使い方事典』総合法令出版、２０１８
・鈴木昭夫『〈ビジネスシーン別〉デキる！敬語術』ＫＫベストセラーズ、２０１０
・一般財団法人ＮＨＫ放送研修センター・日本語センター監修、合田敏行著『超解　敬語の使い方が面白いほど身につく本』あさ出版、２０１７
・造事務所編、守誠監修『ビジネス敬語力ドリル５５５』日本経済新聞出版、２０１４
・村上英記監修『ひと目でわかる　敬語　かんたんルール』池田書店、２０１６
・西谷裕子編『「言いたいこと」から引ける　敬語辞典』東京堂出版、２０１９
・奥秋義信『勘違い敬語の事典　型で見分ける誤用の敬語』東京堂出版、２００７
・田島みるく『日本人として知っておきたい敬語　敬語が使えれば、誰とでも話せる』ＰＨＰ研究所、２０１２
・岩下宣子『図解　社会人の基本　敬語・話し方大全』講談社、２０１６
・ジパング編著『敬語の常識・非常識』日東書院、２００８
・蒲谷宏、金東奎、高木美嘉『敬語表現ハンドブック』大修館書店、２００９

・主婦の友社編『決定版　社会人の敬語とマナー』主婦の友社、２０１６
・話題の達人倶楽部編『できる大人のモノの言い方大全』青春出版社、２０１２
・ミニマル＋ＢＬＯＣＫＢＵＳＴＥＲ著、磯部らん監修『イラストでよくわかる　おとなの「言い回し」』彩図社、２０１８
・ミニマル＋ＢＬＯＣＫＢＵＳＴＥＲ著、磯部らん監修『イラストでよくわかる　敬語の使い方』彩図社、２０１５
・日本語力検定委員会編、磯部らん監修『正しい敬語どっち？　３５０』彩図社、２０１８

【ウェブサイト】
・文化庁　文化審議会国語分科会「敬語の指針」
https://www.bunka.go.jp/seisaku/bunkashingikai/sokai/sokai_6/pdf/keigo_tousin.pdf
・毎日ことば
https://mainichi-kotoba.jp
・ことばの研究　ＮＨＫ放送文化研究所
https://www.nhk.or.jp/bunken/research/kotoba/index.html
ほか

シチュエーションで学ぶ
おとなの敬語300

2022年4月21日第一刷

編　者　おとなの語彙力研究会

発行人　山田有司

発行所　〒170-0005
株式会社彩図社
東京都豊島区南大塚3-24-4MTビル
TEL：03-5985-8213　FAX：03-5985-8224

印刷所　シナノ印刷株式会社

URL　https://www.saiz.co.jp
https://twitter.com/saiz_sha

© 2022. Otonano Goiryoku Kenkyukai Printed in Japan.
ISBN978-4-8013-0593-9 C0081
落丁・乱丁本は小社宛にお送りください。送料小社負担にて、お取り替えいたします。
定価はカバーに表示してあります。
本書の無断複写は著作権上での例外を除き、禁じられています。